绘本来帮忙

0~3岁养育与伴读指南

林丹　赵丽敏　著

本书针对 0~3 岁孩子父母十分关注的 12 个养育话题，推荐了一些经典、有代表性的绘本，同时提供了相应的阅读指导以及家庭活动建议；每个话题后还准备了可供拓展的"伴读小贴士"以及听书码；书后另附有 0~3 岁亲子共读常见问题答疑和 100 种精选书目，帮助父母通过读绘本、讲故事、玩游戏的方式伴读，从而缓解育儿焦虑，消除养育的烦恼。

图书在版编目（CIP）数据

绘本来帮忙. 0~3 岁养育与伴读指南 / 林丹，赵丽敏著. —北京：机械工业出版社，2020.6
ISBN 978-7-111-65080-5

Ⅰ.①绘… Ⅱ.①林…②赵… Ⅲ.①学前儿童-家庭教育 Ⅳ.①G781

中国版本图书馆 CIP 数据核字（2020）第 045540 号

机械工业出版社（北京市百万庄大街 22 号　邮政编码 100037）
策划编辑：刘文蕾　　　责任编辑：刘文蕾　张清宇
责任校对：李　伟　　　责任印制：李　昂
北京瑞禾彩色印刷有限公司印刷
2020 年 6 月第 1 版·第 1 次印刷
145mm×210mm·6.375 印张·118 千字
标准书号：ISBN 978-7-111-65080-5
定价：49.80 元

电话服务　　　　　　　　　网络服务
客服电话：010-88361066　　机 工 官 网：www.cmpbook.com
　　　　　010-88379833　　机 工 官 博：weibo.com/cmp1952
　　　　　010-68326294　　金 书 网：www.golden-book.com
封底无防伪标均为盗版　　　机工教育服务网：www.cmpedu.com

力，提升他们的审美能力，增加社会参与经验，还能增进亲子间的情感交流。近年来，悠贝扎根一线，深入社区开展绘本研读与阅读推广活动，积累了很多绘本研读和集体分享的实践经验。使得这本书具有很强的操作性和指导性，是一套实用性很强的绘本亲子共读指南。

——国家图书馆少儿馆馆长　王志庚

林丹和悠贝倡导的"亲子阅读，陪伴成长"理念，我深深赞同，并做进一步推想：在亲子共读中，父母获得了再次成长的机会，绘本中的教育观、儿童观也在潜移默化地帮助父母调整养育方式。共读所带来的良好而密切的亲子关系、融洽而合理的家庭分工，建构了"儿童－绘本－成人－世界"的良性循环。本书正是这个理念下的实操手册，可以帮助到更多的家庭。

——著名阅读推广人　李一慢

0~6岁是孩子最希望与父母亲密无间的一段魔法岁月，充满温暖和陪伴的亲子时光将是这段岁月的魔法棒，而与孩子共读则是这根魔法棒上最有魔力的钻石，可以点亮孩子的童年并照亮他的未来。

亲子共读不仅可以增进亲子关系，还能为孩子的发展播下魔法种子。了解亲子共读的技巧和方法将会极大地帮助父母事半功倍地开启这场绮丽又美妙的旅程。翻开这本书，你将在花香满径中和孩子一起，把好书读进生活里。

——系统家庭治疗师，《我是妈妈，更是自己》作者　邹锦华

专家推荐

全民阅读，儿童优先；亲子阅读，悠贝领先！悠贝深耕亲子阅读领域十余年，践行"亲子阅读，陪伴成长"的理念，在实践中积累、总结出对中国家庭简单易行、实用有效的亲子阅读指南。《绘本来帮忙》正是悠贝多年实践经验的精华萃取，非常值得阅读！

——著名出版人、作家　海飞

"亲子阅读，陪伴成长"是悠贝的核心价值及理念。用绘本帮助父母养育孩子，是本书的定位和目标，案例来自实践，设计符合需求，表达简明生动，应用效能突出。作为家庭伴读的重要参考书和工具书，值得推荐。

——北京师范大学文学院教授　陈晖

绘本阅读有利于婴幼儿的认知和语言发展，早读、多读绘本不仅能锻炼孩子的读写和思维

专家推荐

育儿，在悦读中快乐出发

故事的力量逐渐被大家所熟知，但怎样用讲故事的方法更好地养育孩子，依旧困惑着很多新手父母。这本书无疑是献给新手父母的一份美好礼物。

它根据孩子的年龄和生活场景进行了分类，还提供了养育方面的洞察和建议。新手父母在遇到育儿烦恼时不仅可以立即知道拿起哪本绘本，还能从中发现真正的育儿要诀，让阅读变为悦读。

期待越来越多的家庭用故事代替说教，通过故事更好地养育孩子，通过故事传递爱。

——故事治疗师，《故事来帮忙》作者　王阳

作为一名儿童心理学者，在多年的教育咨询实践中，我发现亲子共读是一种性价比很高的教育方式，不仅有助于发展孩子的智商与情商，还有利于建立健康的家庭关系。同时，亲子共读也是针对高需求、高挑战儿童的养育良方。相信本书会对广大家长和早期教育工作者有很大的启发和借鉴意义。

——中山大学心理学系副教授，《阅读合伙人》作者　何子静

自　序

育儿，在悦读中快乐出发

2019年2月21日，"第二届亲子阅读产业峰会暨悠贝十周年庆典"在北京举行。在这场主旨为"亲子陪伴 创享未来"的峰会上，我发表了以《十年陪伴，童书通未来》为主题的演讲，满怀感慨地说起"推广亲子阅读"这件小事，说起我去过的百城和悠贝走过的十年，太想让每位父母都知道，"陪伴是儿童成长中最好的礼物，而童书是一座通往未来的桥梁"。

回想这十年时光，悠贝从数以万计的孩子和家庭中扎扎实实走出来。十年的发展历程，我们风雨兼程，砥砺奔跑。如今回望才发现，曾经的酸甜苦辣早已融化在珍贵的岁月里，以热爱的名义打磨出爱的珍珠，而这本书便是悠贝珍珠库中宝贵的一颗。

自 序
育儿，在悦读中快乐出发

提及这本书，我便想起最初对自己的追问——

为何开展亲子共读？

每位父母都有各自的想法。

怎么进行亲子共读？

每个家庭也都有且读且摸索的方法。

既然如此，这本书出版的目的和意义在哪里？

是啊！目的何在，意义何在？一段时间内，我陷入极大的困惑中。

当无人能给出一个标准答案时，我让自己静下心来，梳理悠贝在亲子阅读行业发展的十年。直到有一天，我把困扰自己的问题与悠贝的价值主张相互关联，这才茅塞顿开。"亲子阅读，陪伴成长"一直都是悠贝的价值主张，而家庭是教育的起点，亲子阅读是家庭教育最有效的方式。那么，用亲子阅读这种最便捷、最有效的方式联结父母和孩子、助力家庭教育，不正是这本书出版的目的和意义吗？

"以童书为媒"，做父母育儿的好帮手，做孩子成长的好伙伴。有了这样的方向，这本专门针对 0~3 岁孩子父母的育儿指南应运而生。它凝聚了悠贝十年的实践经验，投射了我辗转全国各地做分享时的所见、所闻、所思、所感。这本书依据 0~3 岁孩子的发展特点，提取父母最为关注的育儿问题，设置了十二大主题，精选孩子爱读且容易产生共鸣的绘本,力求相关主题的亲子读物能缓解孩子的成长烦恼,消除父母的育儿焦虑。

在这些主题中,有些指向"健康成长",比如睡眠、饮食、如厕、刷牙、穿衣等和孩子生活习惯、生活技能息息相关的主题;有些指向"益思启智",比如语言、认知、数学、艺术等能够满足孩子能力发展所需的主题;有些指向"幸福体验",比如陪伴、社交、情绪等关联孩子感受层面的主题。父母可以从自己需要的、感兴趣的主题开始阅读,或者从头读起,逐个主题阅读,又或者把它作为案头书,随用随读。

在每个主题之下,我们设置了如下内容:

1. 主题漫画场景

这部分画作都是由养育了俩宝的美妈们创作完成的,她们用画笔表现出自己曾经或者正在经历的育儿困境,为每个主题内容的呈现增添了轻松的氛围、亮丽的色彩。

2. 林丹说

这部分内容是我接触到的父母育儿困惑,以及针对这些问题给出的养育建议。

3. 伴读书目推荐

在这个部分，我和伴读丛书的团队成员结合当前的育儿现状和特点，为入选的绘本设计了故事概述、伴读建议、互动指导等模块。

4. 伴读小贴士

这部分为父母提供了具体的、可操作的伴读育儿技巧。

在附录中，我们还会看到针对最容易引起父母困惑的亲子阅读常见问题进行的答疑，以及 100 多册特别推荐的绘本。无论是问题答疑，还是推荐书单，都是悠贝送给每个家庭的礼物，最终目标都是要开启高质量的亲子陪伴。

美国诗人史斯克兰·吉利兰在她的诗作《阅读的妈妈》中说过，"你或许拥有无限的财富，一箱箱的珠宝与一柜柜的黄金。但你永远不会比我富有，我有一位读书给我听的妈妈"。这句话在亲子圈中广为流传，如今在本书出版之际，我仍然把这句话说给读到这本书的父母听。我们有理由相信，亲子共读能让我们和孩子一起获取更亲密的关系、更丰盈的内心、更幸福的体验，也能让我们在育儿的道路上心如磐石、面色从容、轻装前行。

在这里，我也诚挚欢迎各位同行阅读指正，并携手为国家的"全民阅读"出一份力，把阅读升级为悦读。

最后，必须感谢陪伴悠贝成长的孩子和父母，是可爱的你们成就了我和悠贝。感谢悠贝专家团队的海飞、陈晖、王志庚、李一慢。感谢和悠贝一直紧密合作的童书创作及出版机构。感谢为这本书付出心血的伙伴们,他们是亲子文化研究院的执行院长赵丽敏以及研究员团队;资深阅读推广人,徐静琰、郑娟、阿达、李兵、杨楠;悠贝平台上 4000 余位阅读推广人。正是因为有你们和我在一起,才有了这本书。

推动每个家庭都在亲子阅读,让童年成为幸福的起点!

林 丹

悠贝创始人

目 录

专家推荐

自 序 育儿，在悦读中快乐出发

01 父母的爱，相伴到永远
——让孩子内心充满安全感

宝宝缺乏安全感，听听林丹怎么说
...003

高效陪伴，亲子共读
...004

妈妈的吻，是世界上最好的吻...004
"有一天"长大，"每一天"相爱...006
爱的守护给予宝宝满满的安全感...008
亲子陪伴是父子眼中闪烁的美好回忆...010
说出"谢谢"的母爱满载幸福感...012

伴读小贴士
...014

02 认知自我,体验友情
——开朗大方"我和你"

宝宝很害羞,听听林丹怎么说
... 017

高效陪伴,亲子共读
... 018

自我认同从确认自己的名字开始... 018
积极的自我概念带来勇气和自信... 020
在无边的想象中,发现并肯定自我... 022
友情是太阳般温暖的存在... 024
学会分享,收获快乐... 025

伴读小贴士
... 027

03 边读边玩,语言有魅力
——开口说话真有趣

宝宝语言发育迟缓,听听林丹怎么说
... 031

高效陪伴,亲子共读
... 032

朗朗上口的文字,让宝宝爱上阅读和表达... 032
生动形象的拟声词演绎,巧妙地进行发声练习... 034
重复的韵律与节奏帮助宝宝学说连贯语句... 035
用绕口令锻炼宝宝的发音和表达... 037
简单循环的结构激发宝宝语言表达的兴趣... 038

伴读小贴士
... 040

目录

04 快乐认知，满足探索欲
——科学启智乐趣多

宝宝认知遇难题，听听林丹怎么说
... 043

高效陪伴，亲子共读
... 044

跟着动物宝宝学认爸爸妈妈... 044
玩挠痒痒游戏，认识身体部位... 045
用形状游戏启发数学思维... 047
在旅途中认识交通工具... 048
来自动物园的花式礼物——各种各样的动物
... 050

伴读小贴士
... 052

05 情绪管理，幸福小妙招
——不哭不闹心情好

宝宝情绪多变，听听林丹怎么说
... 055

高效陪伴，亲子共读
... 056

识别面部表情，体验情绪变化... 056
认识四大基本情绪——喜怒哀惧... 058
在夜晚蔓延的彷徨、忧心与牵挂... 060
在爱的世界里快乐笑哈哈... 061
认识"害怕"，克服"恐惧"... 063

伴读小贴士
... 064

06 数字123，形状在变化
——数学思维巧培养

宝宝学认数，听听林丹怎么说
... 069

高效陪伴，亲子共读
... 070

"一个苹果"引起的数数游戏和数学概念认知 ... 070
在具体场景中结合实物学习点数 ... 072
动手玩起来，形状变变变 ... 074
50种动物排排队，1~50的数字认起来 ... 075
找不同，锻炼观察力、专注力和记忆力 ... 077

伴读小贴士
... 079

07 百变创意，环游艺术国
——鉴赏创新全开启

艺术启蒙，听听林丹怎么说
... 083

高效陪伴，亲子共读
... 084

动动小手玩泥巴 ... 084
想象无边，艺术无界 ... 086
奇思妙想绽放艺术之美 ... 088
图形重组大变样，巧思妙想来帮忙 ... 089
形状随心变，创作乐无边 ... 091

伴读小贴士
... 093

08 入睡习惯，养成伴一生
——不吼不叫乖乖睡

宝宝不睡觉，听听林丹怎么说
...097

高效陪伴，亲子共读
...098

香甜晚安吻让宝宝安然入睡...098
营造温馨的睡前环境...100
一本晚安书，贴心睡前小提示...101
选择合适的睡前聊天内容...103
耍赖不睡觉？角色互换是妙招...104

伴读小贴士
...106

09 我不挑食，食物香喷喷
——均衡营养吃饭香

宝宝不爱吃饭，听听林丹怎么说
...109

高效陪伴，亲子共读
...110

香香的汤水喝进肚，嘴边的汤汁擦一擦...110
花样美食，提高宝宝对食物的兴趣...112
小小厨师做饭忙，爸爸妈妈快品尝...113
逆向思维助力宝宝爱上吃蔬菜...115
美味食物变花样，好奇宝宝吃饭香...117

伴读小贴士
...118

10 会用马桶，妈妈不烦恼
——养成如厕好习惯

宝宝不会用马桶，听听林丹怎么说
...123

高效陪伴，亲子共读
...124

- 学会使用小马桶，掌握如厕小技能...124
- 消除宝宝初次使用小马桶的紧张心理...126
- 一次尿尿大冒险，告诉宝宝想上厕所怎么办...127
- 动物宝宝们示范如何拉㞎㞎...129
- 掌握如厕技巧，收获成长自信...131

伴读小贴士
...132

11 保护牙齿，牙虫无处逃
——爱上刷牙烦恼消

宝宝不肯刷牙，听听林丹怎么说
...137

高效陪伴，亲子共读
...138

- 牙齿坏掉真可怕，拿起牙刷刷刷刷...138
- 任务变游戏，爱上刷牙很容易...140
- 害怕补牙？那就不要忘记刷牙哦...141
- 牙齿就像小宝宝，常看牙医勤洗澡...143
- 好好刷牙，预防蛀牙...144

伴读小贴士
...146

12 自主穿衣，迈出独立第一步
——生活自理不用帮

宝宝不会穿衣，听听林丹怎么说
...149

高效陪伴，亲子共读
...150

小手小脚快出来，宝宝穿衣真好玩... 150

挖孔设计很独特，衣服认知真有趣... 152

宝宝反穿衣，爸妈莫着急... 153

学穿裤子多尝试，独立穿衣了不起... 155

服装搭配，让宝宝爱上穿衣打扮... 156

伴读小贴士
...158

附 录

附录 A　亲子阅读问题答疑（0～3 岁）... 159

附录 B　悠贝精选书目推荐（0～3 岁）... 173

绘本来帮忙

0~3岁养育与伴读指南

01 父母的爱，相伴到永远
——让孩子内心充满安全感

绘本来帮忙
0~3岁养育与
伴读指南

绘本来帮忙
0~3岁养育与伴读指南

安全感

孩子出生的时候
你看着他握着小拳头哭泣

你想的最多的就是要给他足
够的安全感!
于是
没日没夜地陪着……

"姐儿们,撑住
全靠一口仙气吊着……"

这样就安全了?
但是……

当你奔赴职场时

当你碰到了"熊"大人时

当你身边还有个猪队友时

我能怎么办?

宝宝缺乏安全感,听听林丹怎么说

在不同城市做讲座的时候,我常常听到父母提出这样的问题:

我家宝宝太黏人,动不动就哇哇大哭,我有事情离开一下都不行;

我家宝宝特别容易生气,有些蛮横不讲理,有时还出现攻击性行为;

我家宝宝已经入园半年多了,每天进园仍然哭闹,还特别胆小,自己看到喜欢的东西也不敢主动去要……

不可否认,上述育儿难题很容易让父母陷入焦虑情绪。如果想改变宝宝现有的表现,我们就要理解宝宝的内心世界,感受他的情绪、情感,帮助宝宝建立稳定的安全感。

0~3岁正是宝宝建立安全感的关键时期。宝宝出生后,从吃喝拉撒这些最基本的生理需求,到希望被关注、有人陪伴等情感需求,都需要得到及时回应和充分满足。在宝宝不会说话时,我们要及时弄清楚哭闹背后的原因,是不是饿了,尿了?

或者是想让妈妈抱抱？等宝宝开口说话了，我们要鼓励他大胆、明确地表达自己的需求，让宝宝体会到父母对自己的关注、守护和支持。

积极的情感表达、高质量的亲子陪伴、和谐温馨的家庭氛围，有助于我们培养出自信、有力量、有安全感的宝宝。在这里，我向大家推荐几本优秀的绘本：《妈妈的吻》《有一天》《没事，你掉下来我会接住你》《我和爸爸》《谢谢你，来做妈妈的宝宝》等。做懂得如何去爱的父母，向这些书中的父母学习，从不同角度表达自己对宝宝深沉的爱，把平日里"爱在心头口难开"的话，通过讲故事的方式自然地说出来。我们要相信，充满爱的语言一定会装满宝宝爱的储蓄罐，为他积蓄幸福而勇敢的力量。

高效陪伴，亲子共读

妈妈的吻，是世界上最好的吻

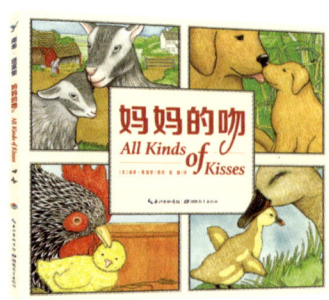

《妈妈的吻》

[美] 南希·塔富里 著绘

张懿 译

湖北教育出版社

欢迎走进故事世界

在宁静的农场里,叽叽叽,鸡妈妈轻啄小鸡宝宝的脸颊;哞哞哞,牛妈妈温柔地舔着小牛宝宝的鼻头;咩咩咩,山羊妈妈亲吻小山羊宝宝的额头。还有鼠妈妈和兔妈妈,也都在睡前用自己的方式给宝宝一个充满爱的亲吻。在妈妈甜蜜而温暖的亲吻下,宝宝们安然入睡。那么,还有哪个妈妈在亲吻自己的宝贝呢?

幸福伴读三步走

这本书的语言简单而富有韵律,父母用温柔的声音讲述文字,把暖暖的舐犊之情传递出来,结合每页出现的动物,略加描述动物的特征及画面背景,来丰富宝宝的阅读体验。

图画部分,我们可以带着宝宝欣赏色彩丰富的画面,认识种类繁多的动物。当页面中出现新的动物时,不妨引导宝宝观察动物宝宝和动物妈妈的差别,或者模仿动物的叫声和动作,增强我们和宝宝,以及宝宝和书本之间的互动。

讲读故事时,除了通过语音语调的轻重缓急变化,增强情感表达的效果之外,还可以在故事结束时直接组织语言,让宝宝感受到父母全情的爱与接纳。比如对宝宝说:"你在慢慢长大,有一天你会像蓝色小鸟一样展翅高飞,但是爸爸妈妈也会像小鸟妈妈那样,为你建一个栖息的家,在家中等你回来。我们永远爱你,宝贝!"

有效伴读看得见

父母可以下载各种各样动物的叫声,播放给宝宝听,并且告诉宝宝这是什么动物的叫声。然后躲在家中的某个地方,模仿不同小动物的叫声,让宝宝去找,当宝宝找到时可以给宝宝一个亲亲或抱抱。

还可以用双手做成小鸟的形状,放在宝宝面前。一边轻轻扇动"翅膀",让"小鸟"飞翔,一边唱儿歌《小鸟飞飞》,增强亲子间的快乐互动。

准备一些彩色的纸或者白纸,卷成十个纸卷,大小正好能套在宝宝的手指上。在纸卷上画上五种小动物(每种小动物要画在两个纸卷上):小狗、小鸡、小羊、小兔子、小老鼠。让宝宝自己把动物纸卷分别套在自己的左手和右手手指上,然后说出动物的名称,并且用小手指点一点,小嘴巴亲一亲。

"有一天"长大,"每一天"相爱

《有一天》
[美]艾莉森·麦基 著
[加]彼得·雷诺兹 绘
安妮宝贝 译
新星出版社

01 父母的爱，相伴到永远
——让孩子内心充满安全感

欢迎走进故事世界

那一天，我数算你的手指，轻轻把它们亲遍；那一天，初雪飘落，我把你高高举起……曾经你是我的小宝宝，现在你是我的大宝贝。有一天，我会站在门廊，眺望你向我挥动着手臂，渐行渐远。有一天……

幸福伴读三步走

故事饱含深情，语言充满诗意。如果宝宝没有主动提问，父母应尽可能连贯地讲述整个故事，让宝宝感受其中的舐犊之情。

运用讲读技巧为故事表述增色，以舒缓的语气开始讲述故事，以高低变化的语调和有快有慢的语速推进故事，最后平缓地结束故事，逐渐铺陈和传递情感。

这本书的文字偏文学性表达，比如车水马龙的城市、苍郁的森林，讲读过程中，父母不必刻意去解读。随着年龄的增长、阅读量的积累，宝宝会慢慢形成自己的理解。

有效伴读看得见

及时发现宝宝感兴趣的故事情节，讲读时不妨将语气放缓，留出时间仔细观察画面，遇到能够和宝宝日常生活产生关联的内容，及时与宝宝交流互动。

整理宝宝的照片,从出生到当下,和宝宝一边看照片,一边回忆拍照时所发生的趣事,让宝宝看见自己的成长和父母的爱。

即使不到两岁,宝宝也能拿起画笔涂涂画画了,鼓励他随意画出自己以后的样子、住的房子等。想象和涂鸦游戏会带给宝宝深深的认同感。

爱的守护给予宝宝满满的安全感

《没事,你掉下来我会接住你》
[英] 马克·斯珀林 著
[英] 莱茵·马洛 绘
赵可 译
北京联合出版公司

欢迎走进故事世界

一艘船航行在大海上,小男孩在船边玩耍。他的安全,妈妈来保护;他们母子的安全,船长来保护;船的安全,星星来保护;那么,星星的安全,谁来保护呢?小男孩自信地回答:"要是你掉下来,我就接住你。"

幸福伴读三步走

故事结构简单清晰、层层递进，讲读时用适度上扬的语音语调和不断揭秘的口吻，设置悬念，很容易激发宝宝的好奇心。

从讲读时间上来说，这本书特别适合做晚安故事书。这样一个温暖有爱的故事，非常易于安抚宝宝的内心，让宝宝安然入睡。

讲读时节奏稍稍放缓，每讲完一页，先不要着急翻页，应给宝宝留出观察图画的时间，或者让宝宝结合图画线索猜猜看，下一个会是谁来守护？

有效伴读看得见

结合故事，父母可以和宝宝玩举高高的游戏（高度宜适当），从举起到落下，反复如此，让宝宝感受父母给予的安全感，并享受亲子陪伴的乐趣。需要注意的是，父母举高高的动作一定要缓慢不可太过猛烈。

如果宝宝已经能够用语言来表达自己的感受或感觉了，讲完故事后，我们可以对宝宝进行启发式提问，比如为什么妈妈要保护孩子，星星要保护大船？引发宝宝的猜想和思考。

生活中多鼓励宝宝大胆探索，跟宝宝说"没事，妈妈看着你""没事，爸爸就在这里"，让宝宝感到被守护，这样宝宝才会更有勇气和自信。

亲子陪伴是父子眼中闪烁的美好回忆

《我和爸爸》
[日]宫本忠夫 文/图
彭懿 译
连环画出版社

欢迎走进故事世界

"生我的不是妈妈吗?为什么爸爸是我的爸爸呢?"一边是好奇地问个不停的小熊,一边是憨憨的熊爸爸。熊爸爸向小熊讲述起记忆中如游戏一般的冒险经历……

幸福伴读三步走

这个故事尤其适合爸爸来讲读。讲读时,可以变换语调和语气,以区分不同的角色,体现出小熊的天真和熊爸爸的憨态,让情感表达更加丰富和饱满。

故事幽默与温情兼备，以对话的形式生动呈现了熊爸爸和小熊之间的互动。读故事时可适当配合肢体动作，增加趣味性。

小熊的眼里有自己和熊爸爸共同的经历，熊爸爸的眼里有小熊成长的点滴，宝宝听故事时会代入其中，也将从闪闪发亮的眼睛里看见自己。

有效伴读看得见

对视游戏很有趣，爸爸和宝宝、妈妈和宝宝、爸爸和妈妈轮流看着彼此的眼睛，说说自己看见了什么，在欢笑声中留存家庭其乐融融的回忆。

故事描述了熊爸爸关于小熊的点滴记忆，父母可以就着话题，跟宝宝说说他小时候的样子，或者曾经做过的好玩有趣的事情，在彼此心中绘制出一幅幅温暖的亲子陪伴图画。

同时，可以根据宝宝的意愿，引导他说几件爸爸陪伴自己的事情，或者是希望父母能够陪着他一起完成的事情，让宝宝感受到陪伴给予自己的幸福和力量。

说出"谢谢"的母爱满载幸福感

《谢谢你,来做妈妈的宝宝》
[日] 西元洋 著
[日] 黑井健 绘
李奕 译
新星出版社

欢迎走进故事世界

因为神说"你可以出生了",小宝宝开始四处寻找自己的妈妈。一路上,他遇到了熊妈妈、猩猩妈妈、猪妈妈,还有蓬松松暖和和的猫头鹰妈妈。可是自己的妈妈在哪儿呢?终于在一个安静美好的夜晚,他找到了妈妈。这时,一个温柔的声音响起:"谢谢你,来做妈妈的宝宝"。

幸福伴读三步走

每个妈妈的孕育历程都不一样,但绝大多数妈妈在读这本书时,都会有种内心被击中的感觉,产生深深的共鸣。把这个故事读给宝宝听时，不需要过多的技巧，只要带着发自内心的爱来表达，就是最好的讲读方式。

讲读过程中，有的宝宝可能会提出各种可爱的小问题，比如：我是怎么生出来的？我也吃过奶吗？无论宝宝问的是什么，我们只需要耐心回答即可。在这一问一答中，故事里的爱意，就转化成了专属于每个家庭的爱的秘密。

不论是给多大的宝宝讲读，读的过程中都不要吝惜给宝宝甜蜜的吻和拥抱，也对宝宝说一句："谢谢你，来做妈妈的宝宝。"当听到自己的妈妈说出这句话时，每个宝宝都会感到满满的爱与幸福。

有效伴读看得见

和宝宝一起看他出生时的照片、妈妈怀孕时的照片等，让宝宝切身感受因为他的到来而给家庭带来的快乐和变化。

可以找出家中的小动物玩具，全家一起来演绎这个故事。

一起玩儿歌语言相结合的亲亲游戏："亲一亲，好妈妈，妈妈笑哈哈；亲一亲，好爸爸，胡子有点扎；亲一亲，好宝宝，宝宝乐开花；亲一亲，亲大家，甜甜蜜蜜呀。"

伴 读 小贴士

父母的爱、陪伴与支持,帮助宝宝建立内在的安全感,培养获取幸福的能力。稳定的亲子依恋关系既是宝宝健康成长的精神养分,又能赋予父母自我疗愈的能量。关于爱的表达,有以下三点建议

1. 不急不躁,在轻松愉悦的氛围中为宝宝读书,千万别把讲故事当成死板的任务。如果实在累了,不妨和宝宝坦诚沟通,更换为其他亲子活动。

2. 亲子共读是亲子沟通的好机会,关注宝宝听故事时的反应,倾听宝宝关于故事的表达,透过他的言行,探究其内心的真正需求。

3. 模仿故事情节展开亲子互动,大胆地向宝宝进行爱的表白,比如拥抱、亲吻,说出温情的话语,积极地告诉宝宝"爸爸妈妈爱你"。

扫码开启绘本育儿

02

认知自我，体验友情
—— 开朗大方『我和你』

绘本来帮忙

0~3岁养育与伴读指南

孩儿大不由娘
娃长大了
需要有自己的朋友
我们都希望孩子是社交小明星

一家人化身"少林寺十八罗汉"
给他个"金钟罩铁布衫"
保护起来!

但是实际上呢……

所以老母亲的心
纠结啊!

别告诉我没用
老年人说长大了自然会交朋友

为什么我有点
不相信呢?

我们给孩子贴了各种标签
同时也带来各种焦虑
所以得行动起来了!

可是又能怎么办?
我的"社交小王子,交际花"
就这样没戏了?

宝宝很害羞,听听林丹怎么说

从呱呱坠地到一天天长大,宝宝先认识自己的身体、觉察内心的感受,再逐渐了解周围的环境、认识父母和温暖的家。慢慢地,宝宝学会走路,开始探索更大的世界。在这个过程中,他很自然地会接触到不熟悉的小朋友,甚至遇到完全陌生的人,并因此出现一些让父母感到不安的行为。比如,见到生人就躲在父母身后,和小朋友玩耍时抢玩具、打人,等等。

遇到这些情况,父母该怎么办呢?回答这个问题前,要先认识"自我意识敏感期"。宝宝通常在 2 岁左右进入这个时期,拒绝、占有、自我、说不、模仿等都是这个阶段的常见行为。在这些情况下,我们要尊重宝宝的自我边界并协助他建立自我边界,认识和了解自己,区分"我""你""他"以及"我的""别人的",实现自我认同和自我构建。

如果宝宝不会打招呼、不愿意分享、喜欢打人等,我们要积极正向地引导,言传身教地把同伴交往中的一些规则告诉他。当然,父母通过讲故事、玩游戏等有趣的形式传达,宝宝会更乐于了解、接受与他人相处时的礼仪规范和情绪表达规则。比如礼貌地与人打招呼，先征得别人同意再玩别人的玩具，着急或生气时可以说出来但不能打人。

在这里，推荐几本相关主题的绘本，让故事潜移默化地提升宝宝的社会交往能力：《妈妈不知道我的名字》《我喜欢自己》《云娃娃》《昨天的太阳去哪儿了》《卜卜熊的雨衣》。这些书分别从自我认识、自我认同、自我接纳、同伴交往、学会分享等不同角度引导宝宝认识自我，建立良好的自我边界，提升社会交往能力。

高效陪伴，亲子共读

自我认同从确认自己的名字开始

《妈妈不知道我的名字》
[美] 苏珊·威廉斯　文
[美] 安德鲁·莎奇　图
杨华京　译
北京联合出版公司

02　认知自我，体验友情
——开朗大方"我和你"

欢迎走进故事世界

汉娜常常被妈妈称呼不同的名字。早起时称她为小麻雀，橙汁洒了的时候叫她小南瓜，等不及吃晚饭时说她是小魔头。汉娜每次都很生气地回应妈妈："我才不是什么×××，我是汉娜。"直到妈妈温柔地说："你就是我那个快乐又有趣的小宝贝儿。"

幸福伴读三步走

观察画面中汉娜和妈妈的表情变化，根据不同的情境，使用温柔、微怒、亲切等语气分别说出两人的话语，表现她们不同的情绪。

若是反复讲述这个故事，可以把这本书中汉娜的名字换成宝宝自己的名字，既增强讲读的幽默感，又能更好地将宝宝代入故事情境中。

"我才不是什么×××，我是汉娜。"这句话在故事里反复出现，可以引导宝宝说出这句话，增强亲子阅读过程中的互动性和参与感。

有效伴读看得见

讲完故事，记得给宝宝一个拥抱，像汉娜的妈妈那样，告诉宝宝"你也是妈妈那个快乐又有趣的小宝贝儿"，宝宝的幸福感会溢于言表、萦绕心头。

把故事延伸到生活中,用戏剧化的形式表演出来,宝宝扮演汉娜,父母一方扮演汉娜的妈妈,将这本书中的内容加以演绎,拓展故事的深度和广度。

玩"我是谁"的游戏,引导宝宝说一说自己的姓名、模样、兴趣爱好等,甚至可以让他试着说出家庭成员的名字和联系方式,从而让宝宝更全面地认识自己。

积极的自我概念带来勇气和自信

《我喜欢自己》
[美] 南希·卡尔森 文/图
余治莹 译
河北教育出版社

欢迎走进故事世界

这是快乐猪小妹的自我表白:我有一个最要好的朋友,就是我自己;我有很多本领,画画、骑车、读书、刷牙、洗澡、吃饭;我喜欢自己的模样,卷卷的尾巴、圆圆的肚子、细细的小脚;无论何时何地，我都做自己、喜欢自己。

幸福伴读三步走

这是一本以第一人称叙述的绘本，父母可以用稚嫩而坚定的语气讲述猪小妹对自己的喜爱，让宝宝仿佛见到真的猪小妹，并且被她的自信所感染。

打开书本，每页的文字并不多，但图画信息丰富。讲读时速度放缓，留出时间让宝宝观察，猪小妹在做什么？做得好不好？开心不开心？

与宝宝适当互动，你会做什么好玩的事情？你怎么照顾自己？你遇到不开心的事情会怎么做？根据宝宝的反应，用问题启发他观察和思考。

有效伴读看得见

让宝宝说说自己喜欢吃的食物、喜欢做的事情，并选出一项和宝宝一起实际体验一下。

站在镜子前，鼓励宝宝和镜子中的自己打个招呼，并试着描述自己的长相、穿着，说说最喜欢自己身体的哪个部位。

参照书中这只憨态可掬的可爱小猪，带宝宝在纸上画一只小猪，或用超轻黏土捏一只小猪，都是很好的亲子游戏。

在无边的想象中,发现并肯定自我

《云娃娃》
[日]伊东宽 文/图
蒲蒲兰 译
二十一世纪出版社

欢迎走进故事世界

小船、大楼、公鸡、长颈鹿,它们都有自己固定的形状,云宝宝很伤心,因为它没有固定的形状,无论模仿谁,风一吹就变形了。草地上的两个小朋友发现,云朵很神奇,它能变成狮子,又能变成鳄鱼,真神奇呀。听到小朋友的赞叹,云宝宝忽然明白,原来没有固定的形状就是自己的形状啊,它也因此对形状有了新的理解。

幸福伴读三步走

这本书文字较少,可以采用互动的方式和宝宝一起阅读,即在阅读过程中，穿插一些互动式问答，比如，云娃娃看见了什么呀？云娃娃现在变成什么了？引导宝宝观察画面并思考，但不强求他必须回答。

这本书涉及形状认知，可以将里面的一些物体分解开，与宝宝一起寻找三角形、圆形、方形等基础形状。也可以问问宝宝，房子的屋顶是什么形状？小船的窗户是什么形状？高楼的窗户是什么形状？

引导宝宝观察画面中云娃娃的表情，感受其从没有固定形状的不开心，到对自己"没有形状就是自己的形状"的认同之后，所产生的情绪变化。

有效伴读看得见

准备棉花、胶水、彩纸，和宝宝一起用棉花做云朵，组合、粘贴成各种造型。

和宝宝一起穿上白色的衣服，大胆发挥想象，摆出各种可爱的云朵造型。条件允许的话，可以准备一大块黑板和粉笔，躺在黑板上，把身体造型轮廓用粉笔描绘出来，形成"人造云朵景观"。

在天空多云、温度适宜的日子里，带着宝宝外出，一起观察天空中的云朵及其变幻，各自说说云朵像什么，又变成了什么。通过与自然界的接触，了解云朵可变的属性。

友情是太阳般温暖的存在

《昨天的太阳去哪儿了？》
[日] 熏久美子　文
[日] 井本蓉子　图
蒲蒲兰　译
连环画出版社

欢迎走进故事世界

从前，有一只非常喜欢太阳的小熊。有一天，他决定去捡太阳，一路上遇见了各种小动物，他们一起快乐地分享美食，共同玩耍。最后，小熊虽然没能找到太阳，但因为有了朋友的陪伴，就好像沐浴着太阳一样温暖。

幸福伴读三步走

先和宝宝讨论一下书名。例如，白天我们可以看到太阳，晚上却看不到，你想知道晚上太阳去哪了吗？让宝宝带着疑问和好奇进入故事情景。

友情是这本书的主题，在讲到小熊得到朋友们安慰的情节时，引导宝宝留心观察小熊的表情，体会小熊的心情。

在整个故事里，小熊出现过快乐、失望、开心、难过、幸福等多种情绪。结合小熊情绪的变化，变换讲读的语调和语气，把故事呈现得更精彩。

有效伴读看得见

认知总是和阅读如影相随，由认知激发出来的探求欲会让宝宝对阅读更感兴趣。讲完故事，可以用浅显的语言告诉宝宝昨天的太阳去哪儿了。

与宝宝一起玩"分享美食"的游戏，或者创造机会，引导宝宝与好朋友互相分享食物和玩具，让他感受给予的快乐。

模仿这本书中的情景，宝宝扮演小熊，父母扮演小熊在找太阳的过程中所遇到的小猴子、小兔子等动物。小熊伤心地哭了，好朋友来抱一抱，让宝宝说说心里是否高兴，以体会友情带来的温暖。

学会分享，收获快乐

《卜卜熊的雨衣》
橙子　文
九儿　图
连环画出版社

欢迎走进故事世界

爸爸的雨衣破了几个洞,"给我穿穿吧!"卜卜熊说。它穿着旧雨衣出去玩,即使天气很热也不愿脱下来。突然下大雨了,朋友们都来大雨衣里躲一躲……可是,随着朋友们越来越多,大雨衣快要撑破了,怎么办啊?

幸福伴读三步走

宝宝年龄越小,注意力集中的时间越短。用不同的声音演绎不同的人物,使用语言技巧,区别人物个性,帮助宝宝在阅读中更加专注。

朋友们都跑进大雨衣里躲雨,雨衣快要撑破了,用夸张的语气描述画面中的场景,为后面雨衣撑破做好情绪铺垫,以突出故事的高潮部分。

故事以卜卜熊得到新雨衣为结尾,宝宝会在阅读中,见证成长的喜悦和分享的快乐。此处不妨留出时间,和宝宝一起观察画面细节和卜卜熊的表情。

有效伴读看得见

从宝宝喜欢的角色或者某处情节入手,引导他用自己的方式讲述故事。在重新组织语言叙述的过程中,宝宝既能加深对故事的理解,又能提高语言表达能力。

"分享"是能让友谊保温甚至升温的法宝,在生活中,以尊重宝宝的意愿为前提，引导宝宝像卜卜熊一样和朋友分享自己的东西。

下小雨的天气里，撑着雨伞或穿起雨衣，带宝宝出门赏雨，感知自然。即使没有下雨，也可以在小喷壶里装上水，轻轻喷洒，在室内体验下雨的感觉。

伴读小贴士

在社会交往方面，0~3岁的宝宝要在认识和认同自己的基础上，恰当表达自己的想法、积极与人沟通、遵守人际交往规则，才能够与同伴友好相处。父母要根据宝宝的年龄和实际情况，逐步培养宝宝的人际交往技能。

1. 先在家里帮助宝宝养成与人和谐相处的好习惯，比如，关心和理解家人，尊重个人的私有物品，诚实而礼貌地待人，等等。

2. 引导宝宝恰当使用面部表情和礼貌用语，比如，用微笑表示友好，和人沟通时眼睛要看着对方，得到别人的帮助时说"谢谢"，等等。

3. 多带宝宝和小伙伴们一起玩耍，有意识地鼓励宝宝把食物和玩具与人交换、分享，建立最初的一对一联结关系。

扫码开启绘本育儿

绘本来帮忙

0~3岁养育与伴读指南

03 边读边玩,语言有魅力
——开口说话真有趣

绘本来帮忙
0~3岁养育与伴读指南

语言发育迟缓

2.5岁的果果  故事大王

2岁的甜甜  人肉儿歌机

1.5岁的妞妞  小大人

这些孩子你都见过吧
扎心的是
他们都是别人家的

啊！我家的2岁了还"惜字如金"

你家的或是指点江山
"江山"

或是眉飞色舞

你总是一个表情

说的啥？怕是生了个傻子……

去医院查查！

宝宝语言发育迟缓,听听林丹怎么说

宝宝在 1.5~2 岁期间,说话时常常出现重叠音,双词句在他的话语中能够占一半以上比例,这是正常的婴幼儿语言发育规律。但有时也会出现这样的情况:宝宝不会表达内心需求,导致自己的言行不被理解;宝宝 2 岁多才开始说话,而且学新词忘旧词,无法掌握更多的词语;3 岁的宝宝说起话来颠三倒四,不能把一件简单的事情叙述清楚。如果宝宝语言发育迟缓,父母不妨先探究现象背后的原因。

首先要看是否是生理原因,比如发音器官异常,如果是,需要带宝宝到医院就诊。排除生理因素后,我们要关注宝宝初学说话时是否得到了充分的语言刺激,是否有机会模仿、习得更多新鲜的语句;要留心宝宝日常是否缺少表达的机会和信心,尽可能不要为宝宝包办、代替过多,不要在宝宝说话断断续续时打断他,否则宝宝很容易失去学语言的兴趣和开口讲话的信心。

积极创设丰富的语言环境。宝宝发出咿咿呀呀的声音时,我们应及时给予回应,多多和他说话互动。和不到 2 岁的宝宝对话时,多用短句,声调高一些、发音清楚一些,语句间稍作停顿,在多种情景下重复新词,这样就能减轻宝宝语言理解的压力。随着宝宝慢慢长大,引导他多和别人沟通交流,吸收更多新鲜的语句。

亲子共读绘本是促进宝宝语言发育的另一种有效途径。在这里,推荐几本优质绘本:《嗨哟嗨哟爬高高》《换一换》《棕色的熊,棕色的熊,你在看什么?》《六十六头牛》《好饿的小蛇》等。为宝宝提供这类书籍的早期阅读,非常有助于他接触广泛的语言信息,比如语音、语感、节奏、句式等,发展宝宝的语言能力。

高效陪伴,亲子共读

朗朗上口的文字,让宝宝爱上阅读和表达

《嗨哟嗨哟爬高高》
[比] 马里奥·拉莫 文/图
刘明 译
北京联合出版公司

欢迎走进故事世界

从前,有一座好高好高的山,鳄鱼、大象、犀牛、长颈鹿统统跑过来,想爬上这座高山。它们一个比一个爬得高,可离山顶总是

差那么一点点。怎么办呢？大家一起来想办法……

幸福伴读三步走

充分调动宝宝的听觉和视觉，用不同的音调读出每种动物出场时的拟声词，动物个头越大，读的声音越重，宝宝对故事内容的感受越深。

对于这本书中不断重复的句子，如"……来了""再试一次吧""加油啊"，可以在宝宝熟悉故事之后，适当暂停，引导宝宝跟读。

配合故事讲读与宝宝互动。比如讲到"咚咚咚！大象来了"时，和宝宝一起跺跺脚。

有效伴读看得见

玩"爬高高"的游戏。父母用两根手指当作人或动物的两条腿，在宝宝的胳膊、腿或后背上爬高高，调动宝宝的触觉，深入理解故事情节。

带宝宝认识这本书中的小动物，模仿动物的叫声和动作，将阅读的快乐延伸为身体的感知，让宝宝参与到亲子共读中。

找来积木玩具，一块一块叠起来，搭成高楼、城堡、消防车等，从这本书中的爬高高到玩积木的叠高高，帮助宝宝进行空间探索，建立高低上下的概念。

生动形象的拟声词演绎,巧妙地进行发声练习

《换一换》
[日] 佐藤和贵子 文
[日] 二俣英五郎 图
蒲蒲兰 译
二十一世纪出版社

欢迎走进故事世界

小鸡和妈妈说要出去玩,她一边走着,一边叽叽地叫着。她遇见了小老鼠,和小老鼠说:"喂,小老鼠,换一换叫声好吗?"于是小鸡的声音变成了吱吱叫。小鸡一路走下去,遇见了不同的动物,自然也交换了各种不同的声音。直到她遇见一只大花猫,大花猫想要吃掉小鸡。你猜会发生什么呢?

幸福伴读三步走

小鸡与其他动物交换声音是故事的重点情节,所以在讲读时每种动物的叫声应尽量学得像一些。每次小鸡交换声音后,用新的声音代表小鸡叫一下,帮助宝宝理解交换的含义。

这本书的画面中有很多细节,在宝宝对故事有了一定了解后,可以引导他观察这些细节。比如,每种动物出场时,其家人所做的

事情各不相同;在每页的右下角都有一小块画面,逐步展示了小鸡是如何从鸡蛋里孵化出来的过程。

故事的最后,是小鸡和蒲公英对视的画面,这里又会发生什么故事呢?可以和宝宝一起讨论和猜测。

有效伴读看得见

和宝宝一起玩"换一换"游戏,可以换声音、衣服、玩具、日用品等生活中比较常见或熟悉的东西。

在生活中有意识地带领宝宝认识书中的小动物(小猫、小狗、青蛙等),并试着模仿它们的叫声。

如果时间等条件允许,可以带宝宝去市场或养鸡场看看真正的小鸡。

重复的韵律与节奏帮助宝宝学说连贯语句

《棕色的熊、棕色的熊,你在看什么?》
[美] 比尔·马丁 文
[美] 艾瑞·卡尔 图
李坤珊 译
明天出版社

欢迎走进故事世界

这本书采用一问一答的排比句式："棕色的熊、棕色的熊,你在看什么?我看见一只红色的鸟在看我。""红色的鸟、红色的鸟,你在看什么?我看见一只黄色的鸭子在看我……"就这样为我们一一展现了多种不同颜色的动物和人物。朗朗上口的循环式对白,对宝宝来说,是很好的语言刺激。

幸福伴读三步走

给宝宝听英文儿歌 Brown Bear, Brown Bear, What Do You See,由儿歌到绘本,让宝宝感受语言的韵律,体验颜色的变化,为宝宝提供更加多元的感官刺激。

共读时把握这本书中节奏感和韵律感,无论中文还是英文,像唱儿歌一样诵读短小的句子和押韵的文字,读出生动活泼的感觉。

棕色的熊脚趾甲尖尖、脑袋圆圆,红色的鸟翅膀颜色不一,黄色的鸭子长长的脖子向后看,紫色的猫舔着爪子……讲读中留出时间和宝宝一起观察图画细节。

有效伴读看得见

在日常生活中,带着宝宝重复读故事里的文字,反复练习和巩固,有利于宝宝习得简短而连贯的话语。

引导宝宝关注图画信息,认识动物的名称和颜色的种类,在阅读中展开认知、拓展视野,将这本书从语言启蒙书拓展为认知启蒙书。

和宝宝玩"撕纸"游戏,或用安全剪刀从彩纸上剪出色块,再用胶棒拼贴出作品,带宝宝进行艺术探索。

用绕口令锻炼宝宝的发音和表达

《六十六头牛》
改编自民间歌谣
王祖民 图
明天出版社

欢迎走进故事世界

《六十六头牛》是一首流传于南京六合一带的民谣,也是一首好玩有趣的绕口令。根据原有文字,作者稍作改编,故事最终呈现为:六十六岁的陆老头,盖了六十六间楼,买了六十六篓油,养了六十六头牛,栽了六十六棵垂杨柳。六十六篓油,堆在六十六间楼,六十六头牛,扣在六十六棵垂杨柳。忽然一阵狂风起……

幸福伴读三步走

初读故事时,语速放慢,尽可能把每一个字的音都读得清晰,让宝宝对每个音节都有感受。

无论讲读速度快慢,都可以用手打着拍子,宝宝能在拍子的节奏里慢慢体会绕口令的趣味。

盖楼、买油、养牛、栽柳,这些词里既有画面感十足的动作,又有押韵上口的韵脚。加重语气,读出这些词的韵律感。

有效伴读看得见

带宝宝做轻咬舌尖(发"n"音要领)的动作和卷舌(发"l"音的要领)的动作,帮助宝宝区别并练习"n"与"l"的发音。

找到更多首绕口令,和宝宝打着节拍读出来。如果不停地变换语速,还能增加阅读的乐趣。

带宝宝在别有童趣的图画里,找找六十六岁的陆老头、六十六间楼、六十六篓油、六十六头牛等,边找边说,锻炼宝宝的观察能力和表达能力。

简单循环的结构激发宝宝语言表达的兴趣

《好饿的小蛇》
宫西达也 文/图
彭懿 译
二十一世纪出版社

03　边读边玩，语言有魅力
——开口说话真有趣

欢迎走进故事世界

有一条好饿的小蛇，从周一到周六的每一天，都会去散步，在散步的过程中，总能发现好吃的。比如，红红的苹果、黄色的香蕉、紫色的葡萄等。每次它都是"啊呜——咕嘟"一口把它们给吃掉，但是后来它竟然发现了一棵结满红苹果的树。你猜猜，好饿的小蛇会怎么样？

幸福伴读三步走

充分利用故事中推动情节发展的提问"你猜猜，好饿的小蛇会怎么样"来吸引宝宝自然地融入故事中，并启发宝宝预测故事的发展，感知故事情节的重复性。

讲读过程中，注意引导宝宝认真观察画面，发现小蛇吞进各种食物后身体的变化，并根据这种变化展开想象，感受故事的趣味性。同时，和宝宝一起模仿故事中重复使用的象声词"啊呜——咕嘟"。

及时发现宝宝认真观察画面时的反应，用"好饿的小蛇发现了什么"来引导宝宝尝试用准确的语言描述食物的形状、颜色，学说不同的量词，用复杂的短语来描述事物。

有效伴读看得见

引导宝宝用肢体动作模仿小蛇扭来扭去散步的样子。比如，伸展胳膊，双手合拍，扭来扭去做小蛇，看到家里的好吃的，就把手张开假装去吃："啊呜——咕嘟！啊——真好吃。"

创设情境，启发宝宝想象如何在不同的空间中行走，如在森林里散步、爬坡、从坡上滚下来等，或者模仿小蛇快步走和慢步走。

准备几种水果，藏在不同的地方，带着宝宝在家里散步，学习小蛇"吃吃吃"的模式，再现故事情节。如果宝宝处于2~3岁的阶段，可以让他尝试按故事情节描述一个全新的故事，提高语言表达能力。

伴读小贴士

对于0~3岁的宝宝，无论他有无语言发育迟缓的现象，我们都要抓住这个最关键的时期，提供科学有效的语言刺激和引导，促进其语言能力发展。

1. 低幼宝宝注意力集中的时间较短，为他讲读语言发展类的绘本时，起伏变化的声音、夸张适度的表情更能帮助他专注在故事里。

2. 引导宝宝模仿表达时，先从字词、短句开始，慢慢地说，多说几句，用足够的耐心和充分的示范，增强宝宝语言表达的信心。

3. 鼓励宝宝多表达、多互动，无论是对故事的理解，还是生活中的需求，只要能用语言说出来，都及时给予肯定，提高宝宝开口说话的主动性和积极性。

扫码开启智慧育儿

04 快乐认知，满足探索欲
—— 科学启智乐趣多

绘本来帮忙
0~3岁养育与伴读指南

认知

作为新手妈妈
总怕自己的孩子落于人后
想让孩子生命中有更多色彩
从小认识更多东西

可是这些就够了吗?
还有更好的吗?

来自无知老母亲的悲哀……

04　快乐认知，满足探索欲
——科学启智乐趣多

宝宝认知遇难题，听听林丹怎么说

关于宝宝认知，新手父母常常感觉颇伤脑筋。从什么时候开始，宝宝能区分出不同的家人？有什么方法能让宝宝分辨方向和颜色？宝宝一岁半了，怎么还不能分清左右脚的鞋子？

其实，宝宝在不同的月龄或年龄阶段，认知发展水平也不相同，具体到个体又有差异化的认知表现。比如，1~1.5 岁的宝宝能辨别家人的称谓，指认家里熟悉的东西，指出身体的各个部位；1.5~2 岁的宝宝能说出身体部位的名称，识得两三种颜色，认识简单的形状；2~3 岁的宝宝能把物品简单分类，认识主要的交通工具和常见动物。

通过观察，我们能够了解宝宝的认知发展情况是否在正常范围内。但受到遗传、环境、教育等多种因素的影响，不同个体的认知能力是存在差异的。即使宝宝认知水平与发展标准有出入，父母也不要太过着急，用心陪伴、留心观察，科学地分阶段选取、讲读相关绘本，一定能一步一步地促进宝宝的认知发展。

在这里，推荐一些以认知为主题的绘本，比如，《一家人真好》

《好痒，好痒》、"形状在哪里"系列绘本、《我的汽车书》《亲爱的动物园》等。这些作品以不同的认知内容及文图设计形式，帮助宝宝轻松愉悦地认知万物。

高效陪伴，亲子共读

跟着动物宝宝学认爸爸妈妈

《一家人真好》
[日] 入山智 著绘
崔维燕 译
长江少年儿童出版社

欢迎走进故事世界

每个小动物都有自己的爸爸妈妈。小鸡球球的妈妈亲一亲小球，小狗的妈妈舔一舔小狗的鼻子，小奶牛尽情享用妈妈的奶水，小熊的爸爸收集新鲜的蜂蜜给小熊吃……一家人真好！

幸福伴读三步走

营造静谧温馨的讲读氛围，温柔地讲述故事，让父母与子女之间的脉脉温情随着轻声慢语缓缓流淌、浸润心田。

有意识地用重音读出"爸爸""妈妈"的音节,通过反复朗读,宝宝能在潜移默化中了解爸爸和妈妈的含义。

像故事里的爸爸妈妈一样,亲亲、抱抱宝宝,用肢体动作让宝宝深切感受到"我的爸爸妈妈是独特的""一家人真好"。

有效伴读看得见

和宝宝玩"藏猫猫"游戏,父母用双手遮住自己的面孔,每次拿开双手时,说出"爸爸"或"妈妈"的称谓。

教宝宝指认家人,多问问宝宝:"这是谁呀?"在他给出回答时,积极地回应、及时地称赞,告诉宝宝:"你真棒!"

引导宝宝自己翻书阅读,跟着小鸡球球向小狗、小熊、小奶牛问好,锻炼手部肌肉群,提高语言表达能力。

玩挠痒痒游戏,认识身体部位

《好痒,好痒》
王玲 著
南桑 绘
中国少年儿童出版社

欢迎走进故事世界

大树说:"好痒,好痒,我的腰痒痒。"小草说:"好痒,好痒,我的胳膊痒痒。"大地说:"好痒,好痒,我的肚皮痒痒。"连宝宝都说:"好痒,好痒,我也痒痒。"这是怎么回事呢?哦,原来是宝宝要长牙齿啦!

幸福伴读三步走

全书以对话的方式来讲述故事。讲读时,针对不同的角色,变换语音语调,时而轻柔低缓,时而轻快活泼,增加故事呈现的趣味性。

这是一本有关身体认知的绘本。把画面里的头、胳膊、腰、腿、脚等身体部位一一指给宝宝看,让他有最直观的视觉认识。

反复阅读故事时,带宝宝在画面里寻找春天的印记:蓝天白云、小草小花、小河流水和甩着长头发的柳树枝等。

有效伴读看得见

和宝宝玩"挠痒痒"游戏。挠一挠宝宝的小脑袋、小手、小脚丫、小肚子,在快乐的玩闹中让宝宝认识和熟悉自己的身体部位。

走出家门,带宝宝观察所处环境的自然景色,对比四季里大自然花草树木的改变,从认知身体延伸到认知大自然中的事物。

用形状游戏启发数学思维

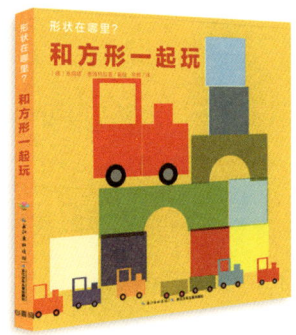

形状在哪里?

[德] 布丽塔·泰肯特拉普　著绘

朱晔　译

长江少年儿童出版社

欢迎走进故事世界

形状在哪里?形状就在我们的身边。卷卷的线,它会伸向哪呢?电线、跳绳,还是一串串脚印?和圆形、方形一起玩,积木、皮球还有钟表都是什么形状呢?哦,还有,千万不要忘记三角形。

幸福伴读三步走

从这套书的封面开始,可爱的人物或小动物形象便创设出一幅幅熟悉的场景。让宝宝尝试翻书,沉浸在读图探索中。

"冰面上的线,咯咯、嘎嘎。""游戏时间到,呜呜!咔哒!"每本书中的文字都十分简短,富有韵律感,还有较多的拟声词,我们可以有节奏地进行讲读。

这套书的每一页都设计了不同形状的相关问题。用启发的语气读出来,引发宝宝思考。如果宝宝愿意开口说,父母可以做适当的提示,鼓励宝宝自己回答问题。

有效伴读看得见

用积木块玩拼搭游戏,引导宝宝认识不同的形状,宝宝能更深切地感受到形状的区别。

在家里找一些形状各异的物体,和宝宝观察不同物体中隐藏的线条,把抽象的思维能力培养,化为具象的游戏式趣味认知。

准备不同颜色、数量和形状的彩纸,拼贴出蜡笔、火车、机器人等这本书中出现的形象,满足宝宝早期的认知需求。

在旅途中认识交通工具

《我的汽车书》

[荷兰]哈曼·范·斯特拉登 著

王芳 译

希望出版社

欢迎走进故事世界

小熊一家正开车疾驰在去郊外看望爷爷奶奶的路上,虽然发生了一些小意外，但是小熊可开心啦，因为这一路他真是大饱眼福！他看到了各式各样的车，这里简直是一座移动的汽车博物馆。

幸福伴读三步走

无论在家中，还是在旅途中，手捧这本书，观察书中的各式车辆和不同人物的举动，说说图画的细节，都是一种不错的亲子共读方式。

欣赏风格轻快的水彩插图，配合充满节奏感的讲读，宝宝将穿梭在清新优美的自然环境中，借助于亲子阅读，经历一次纸上旅行。

尝试新的讲读方式，把阅读的主动权交给宝宝。当宝宝指向某一处，或者直接提出问题时，父母再把图画内容描述出来。

有效伴读看得见

讲完故事后，和宝宝说一说小熊在路上都遇到了哪些车，回顾这本书的内容，再跟宝宝介绍每种车的功能。以此展开联想，加深印象。

当宝宝走出家门，尤其是在旅途中，把见到的吊车、房车、消防车、救护车、推土车等车型指认给宝宝。

抽出时间进行一次家庭亲子旅行，带宝宝认识城市景观、乡村景色，感受不同地方的风土人情，把大大的世界当作宝宝认知的课堂。

来自动物园的花式礼物——各种各样的动物

《亲爱的动物园》

[英] 罗德·坎贝尔 著
李树 译
二十一世纪出版社

欢迎走进故事世界

"我"想养宠物了,热心的动物园寄来各式各样的动物:桀骜的骆驼、吓人的狮子、恐怖的蛇、调皮的猴子……最终他会选择什么动物当宠物呢?栩栩如生的动物、浅显易懂的文字、诙谐有趣的内容,翻开书就仿佛置身可爱的动物王国。

幸福伴读三步走

这本书以一位小朋友的口吻描述了他和动物园通信的过程,所以讲读时要注意语音语调的运用,表现出小朋友的感觉。随时注意和宝宝互动,引导宝宝观察笼子里是什么动物,进而认识每一种小动物。

这是一本非常经典的翻翻书,每一个翻页设计都隐含了诸多信息,包括装载动物的容器、动物特征,还有来自动物园的标签……讲读中可以引导宝宝仔细观察并猜测,然后再一起揭晓答案。

还可以采用表演式的讲读方法。比如,"我给动物园写信",就做出写信的样子,然后把它"寄出去",辅以投递到邮筒的动作;当小朋友翻开动物园寄来的包裹,"我把它退了回去",就做出把它推出去的动作来表示"退掉"。

有效伴读看得见

和宝宝一起玩"动物园里有什么"游戏。我们说:"动物园里有什么?"宝宝说:"动物园里有大象。"同时,辅以打拍子的形式增加节奏感。相信这个游戏一定会让宝宝玩得乐此不疲。

读完这本书后,最好的活动无疑是带着宝宝去动物园亲眼看一看各种动物,真正感受长颈鹿到底有多高,狮子吼叫起来有多凶猛……

用废旧的布头,剪出两只小耳朵和小眼睛,把小耳朵和小眼睛贴或缝在一只小袜子上。然后将小袜子套在手上,这只小袜子就成了一只可爱的小动物。父母可以用富有童趣的语言和宝宝对话,让这只小动物像这本书中的小狗一样成为宝宝的宠物。

伴读小贴士

0~3岁是宝宝认知能力快速发展的阶段。在这个时期,科学的方法、平和的心态、恰当的认知工具都能积极有效地帮助宝宝培养认知兴趣、拓展认知范畴。对此,有以下伴读小贴士送给大家:

1. 认知某个或某类事物时,切忌枯燥地重复说教,采取童谣、游戏、猜谜等有趣的形式,能够激发宝宝的好奇心,展开快乐而有效的学习认知。

2. 讲读以认知为主题的绘本时,多用疑问句激发宝宝主动思考,带着猜测的结果进入后面的故事情节,通过验证答案,增加阅读的成就感。

3. 把绘本中的认知延伸到日常生活中,每当出现新事物时,带宝宝真正地看一看、摸一摸,实际感受它们的用途和特征,加深宝宝对新事物的认识和理解。

扫码开启绘本育儿

05 情绪管理，幸福小妙招
——不哭不闹心情好

绘本来帮忙

0~3岁养育与伴读指南

情绪管理

当了妈以后
金钟罩、铁布衫
天不怕、地不怕

就怕娃……

莫名其妙伤心

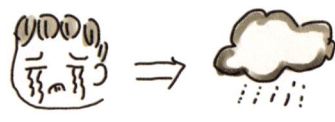

火山爆发般无理取闹

即将"作妖"的不知名表情

还有终极武器……

「菜市场大妈般的号啕大哭」

惨绝人寰的场面
你是不是都经历过?
那你是哪种妈妈?

打压式

鸵鸟妈妈 置之不理~~~

那我还能怎么做?

宝宝情绪多变,听听林丹怎么说

宝宝用极端的方式表达情绪,绝对是一件让父母倍感苦恼的事情。0~3岁的宝宝还不具备很好的情绪管理能力和语言表达能力,有什么办法能让宝宝在"既不伤害自己,又不伤害别人"的情况下进行情绪表达呢?当宝宝出现多变的情绪时,父母又该如何应对呢?

我们首先要科学地看待宝宝的情绪变化。对于年幼的宝宝来说,父母的行为对他们情绪变化有很大的影响,宝宝内心获取的安全感对平复情绪会起到重要作用,这是父母必须了解的。

然后,才是认识宝宝的常见情绪,引导宝宝认知情绪和管理情绪。喜怒哀惧是人类的四种基本情绪,新生宝宝会从生理性的微笑逐渐发展为笑与自身感受相联系。宝宝慢慢长大,情绪也从快乐、悲伤、愤怒、恐惧进一步发展,出现爱、依恋、焦虑、抑郁、羞愧、内疚等各种复杂情绪。通过和父母的语言交流与相关主题绘本的阅读,宝宝会学着读懂自己的表情和感受,关注自身情绪并做出回应和调整。

引导宝宝认识情绪只是情绪管理的第一步,父母还要引导宝宝接纳自己的情绪,用适当的方式释放和调节情绪。宝宝感到恐惧时,"没事,我在这里。你很害怕,对吗?"这句话会比"不怕,有什么好怕的"更能给予宝宝面对恐惧的力量。对于宝宝"大哭小闹"的状态,父母要与宝宝共情,避免和宝宝较劲,先安抚宝宝平静下来,再寻求与宝宝能力相匹配的情绪表达方式。可以从进行及时有效的良性互动、建立良好的亲子关系开始,培养宝宝情绪管理能力。宝宝在与父母的互动中,能够逐渐习得自身情绪调节能力和与他人沟通的技巧。

主题与情绪相关的绘本能够帮助我们认知宝宝情绪、解决宝宝情绪难题、提升亲子沟通技巧。比如《脸,脸,各种各样的脸》《气球小熊》《小猫头鹰》《太阳公公笑哈哈》《你有害怕吗?》。这些故事可以帮助宝宝认识和识别情绪、接纳并表达情绪、释放甚至战胜情绪,会让父母和宝宝有更轻松愉悦的情绪体验。

高效陪伴,亲子共读

识别面部表情,体验情绪变化

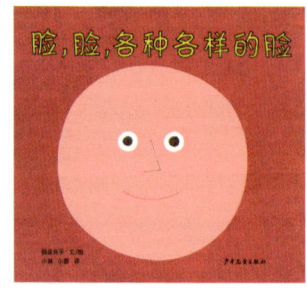

《脸,脸,各种各样的脸》
[日] 柳元良平 文/图
小林 小熊 译
少年儿童出版社

欢迎走进故事世界

这本书中有开心的脸、伤心的脸、笑了的脸、哭了的脸、生气的脸、睡着的脸、威风的脸、苦恼的脸、甜蜜蜜的脸、被辣到的脸、调皮捣蛋的脸、一本正经的脸、笑眯眯的脸……你还知道哪些脸呢?

幸福伴读三步走

用温柔的声音舒缓地讲读故事,当眼睛、鼻子、嘴巴在画面中依次出现时,父母可以用手指一指,再沿着脸上的线条走一走,丰富宝宝对脸部表情及变化的认知。

这本书中出现了各种各样的脸,配合画面中的表情,调整讲读的语音语调,让宝宝完整地感知声音对应的表情,感受面部表情所关联的情绪。

边读故事边跟随画面模拟表情变化,也是不错的讲读方式,父母每讲完一页,就用自己的脸做出图画中的表情,帮助宝宝在对比和观察中了解情绪传递的信息。

有效伴读看得见

为宝宝指认五官。父母用手指指出自己的五官,或者和宝宝站在镜子前,看看镜中自己的眉毛、眼睛、耳朵、鼻子、嘴巴。

玩"指五官"游戏。父母发出指令,宝宝做出相应的动作,比如听到"耳朵"时宝宝要摸摸耳朵,听到"眼睛"时要把眼睛闭上再睁开。

在家中墙上贴一张大白纸,用不同颜色的符号记录对应的情绪,或者直接画出不同表情的脸,制作"情绪地图",让宝宝认知自己的情绪变化。

认识四大基本情绪——喜怒哀惧

《气球小熊》

[日] 秋山匡 文/图

戴伟杰 译

河北教育出版社

欢迎走进故事世界

故事以气球小熊为主角,借助四四拍的节奏,分别描绘了气球小熊的四种情绪状态——害怕、生气、难过和开心,并且将小熊的情绪变化与气球的物理变化相结合,精彩、形象地展示了孩子的内心世界——调皮、真实又可爱。

幸福伴读三步走

故事按照四四拍的节奏,讲述了喜怒哀惧这四种人类基本情绪,讲读时不同情绪之间应稍有间隔,让宝宝深入体验每种情绪所带来的感受。

结合气球小熊的情绪变化,变换使用相应的语音语调。对于画面中出现的拟声词,如噗咕、唔唔唔等,用声音生动地表达出来。

引导宝宝留心观察气球小熊颜色的改变,同时,还要观察气球小熊的表情,随着越胀越大,它的眼睛、眉毛也形象地呈现了当时的情绪。

有效伴读看得见

借助故事,引导宝宝认识情绪,如果宝宝能够用语言表达,不妨鼓励他说出气球小熊不同的情绪状态。

和宝宝一起寻找舒缓情绪的方法,比如听音乐、搭积木、到公园散步等。当我们的情绪发生改变时,可以用自己喜欢的方式表达或调节情绪。

包括颜色在内,这本书中的图画和字体都多有变化,带宝宝认识和感受不同的色彩,把拟声词变成魔法口令,运用到宝宝的生活中。

在夜晚蔓延的彷徨、忧心与牵挂

《小猫头鹰》
[爱尔兰] 马丁·韦德尔 文
[英] 派克·宾森 图
林良 译
明天出版社

欢迎走进故事世界

三只小猫头鹰——秀秀、皮皮和比比——跟猫头鹰妈妈住在树洞里。一天晚上,他们醒过来,发现妈妈不见了。秀秀说:"我想妈妈是去捉小动物。"皮皮说:"她去找东西给我们吃。"比比说:"我要找妈妈!"于是,三只小猫头鹰一起站在树枝上等待着妈妈回家。最后,妈妈回来了吗?

幸福伴读三步走

故事里三只小猫头鹰各有年龄和性格的角色设定,讲读时用三种不同的语调说出它们的话语,塑造三只可爱的小猫头鹰形象。

根据画面信息和情节变化,引导宝宝观察和思考,它们的妈妈到底去哪儿了?用这样的问题激发宝宝继续阅读的兴趣。

讲到最后猫头鹰妈妈回来的画面时,多停留一点时间,让宝宝体会三只小猫头鹰见到妈妈后的心情,然后给宝宝一个大大的爱的抱抱。

有效伴读看得见

和宝宝分角色扮演,宝宝在表演中能更深刻体会到,妈妈的爱会一直陪伴着他;父母也能更加理解宝宝的分离焦虑情绪。

和宝宝说一说,当发现妈妈不见了,三只小猫头鹰分别是怎么做的。结合实际情况,告诉宝宝,即使妈妈不在身边,妈妈的爱也一直陪伴在他左右。

找一些猫头鹰的图片,简单了解猫头鹰的形态特征和生活习性等。既能让宝宝感受亲子阅读带来的愉悦和美好,又可以基于故事展开动物认知。

在爱的世界里快乐笑哈哈

《太阳公公笑哈哈》
[日] 前川一夫 著
[日] 猿渡静子 译
北京联合出版公司

欢迎走进故事世界

太阳公公笑哈哈,大树爷爷笑哈哈,小鸟笑哈哈……刚睡醒的小宝宝,因为没看见妈妈,皱着眉头不高兴。妈妈来了,小宝宝立刻和妈妈一起笑哈哈。

幸福伴读三步走

一页页画面呈现出一张张灿烂的笑脸，明亮的色彩更让人眼前一亮、心生温暖。捧着这本书，把每页图画展现在宝宝面前，引导他和书中的角色打个招呼，感受世界的善意，表达自己的友好。

和宝宝一起翻页，认识不同的笑脸。父母读出"哈哈哈哈"简洁的文字，通过笑脸、眼神和有趣的声音，丰富故事的讲读。

生动的画面、简洁的文字，为故事讲读增加了多种方式。看着画面中花朵、蜜蜂、蝴蝶、蜗牛等，根据宝宝的关注点，重新组织语言进行表达。

有效伴读看得见

指着这本书中每一页的笑脸，带宝宝认识毛毛虫、小猫、小狗、小鱼等，感受它们鲜活而富有感染力的快乐情绪。

在每天的生活中，用笑声感染宝宝、用笑脸回应宝宝，让宝宝拥有早期的愉悦情绪体验，在爱的氛围里逐渐拥有平和的心态、稳定的情绪。

和宝宝一起画笑脸，或者合作画一些小动物、植物等，鼓励宝宝为画作添上笑脸图案，再问问宝宝是谁在笑。增加艺术体验，锻炼表达能力。

认识"害怕",克服"恐惧"

《你有害怕吗?》
[德] 拉菲克·沙米 著
[德] 卡琳·谢尔勒 绘
王星 译
广西师范大学出版社

欢迎走进故事世界

故事讲述了小老鼠米娜寻找"害怕"的过程,巧妙地为小朋友讲述了不同动物眼中的"害怕"是什么。但对于其他动物的"害怕",米娜没有办法感同身受,直到一条大蛇的出现,才让米娜瞬间感受到了真正的"害怕"。幸运的是,米娜及时逃回了家。故事的最后,尽管米娜已经懂得了"害怕",但对这个世界依旧充满了好奇。

幸福伴读三步走

故事应该从翻开封面后便开始讲读。外出摘果子的老鼠妈妈被一只花猫盯上了。随后,花猫追逐老鼠妈妈,引发了米娜对"害怕"的好奇。

在老鼠妈妈说自己很害怕的时候,只有米娜在思考"害怕到底是什么"。可以和宝宝一起仔细观察画面，猜一猜哪只老鼠是米娜。

故事最后尽管没有具体的语言描述，但在老鼠一家温馨的画面中，我们会发现米娜正一个人看向远方，充满向往。可以和宝宝一起猜测：米娜又对什么事情产生了兴趣呢？

有效伴读看得见

通过聊天的方式和宝宝交流一下害怕时的感受，当相应的情况出现时，应该怎么处理比较合适。

从这本书中选 1~2 种宝宝感兴趣的动物，通过查找图片或视频等途径，和宝宝一起了解这些动物的特点和习性。

还可以买一副斗兽棋，和宝宝一起研究游戏规则，然后玩一玩。

伴读小贴士

哭闹、发脾气，是 0~3 岁宝宝遇到问题时常见的应对方式。遇到这样的情况，父母要避免一味压制宝宝情绪的做法，也尽可能不让自己变得焦虑和急躁，而应积极探究宝宝行为背后的原因，引导宝宝寻找情绪的出口，合理释放和表达情绪。

1. 阅读有关情绪的绘本。与其讲些大道理，不如在亲子阅读中与宝宝互动，让宝宝在故事里更好地感受情绪。

2. "父母是孩子的镜子",宝宝出现情绪问题时,父母用平和的心态面对,用平静的态度处理,能帮助宝宝学着认知和调节情绪,用语言表达情绪。

3. 多使用共情的方式接纳宝宝多变的情绪,并鼓励他用恰当的方式宣泄情绪,宝宝就能逐渐养成积极而稳定的情绪表达习惯,从而提高其情绪管理能力。

扫码开启绘本育儿

绘本来帮忙

0~3岁养育与伴读指南

06 数字123，形状在变化
——数学思维巧培养

绘本来帮忙
0~3岁养育与伴读指南

孩子还不会说话
老母亲就开始不厌其烦地
教他数数……

毕竟
学好数理化
走遍天下都不怕

咱不能输在起跑线上！

数字卡片

指针钟

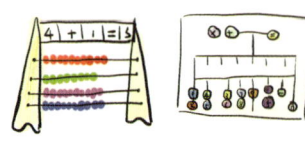

各种算盘、逻辑板

总觉得多准备点这些教具
就能考上清华……

是上清华呢
还是上北大呢

但是现实总是啪啪"打脸"

熟视无睹
极其嫌弃

去卖大白菜的话
认识1~10就够了……

再见了，数学

宝宝学认数，听听林丹怎么说

如何对 0~3 岁的宝宝进行数学启蒙？这个问题困扰着很多父母。什么时候开始让宝宝认数字？用什么方式认识数字？这些问题看似简单，但如果想要有一个科学、满意的答案，我们必须把数学思维作为一个整体去看待，除了认识数字、能够数数之外，还要注重空间方位辨识、形状认知、时间认知、分类比较等逻辑思维培养，全面开发宝宝的数学潜能。

时常听说有些父母仍然在填鸭式地教宝宝认识数字，也看到过有的父母寓教于乐，把数学启蒙融入宝宝生活的点滴。毫无疑问，通过在日常生活中潜移默化地激发宝宝探索的欲望，逐步拓展思维能力，才是早期数学启蒙更可取的方式。比如：宝宝玩积木时，识得物体的基本形状；出门时，认识不同高度的汽车；上下楼梯或坐电梯时，留意数字的不断变化；等等。这样一来，学数学就成为一件有趣的事情。

除了在生活场景中进行数学启蒙，父母仍然可以借助于绘本。低幼宝宝的数学思维启蒙绘本，具有颜色鲜艳、色彩分明、内容生动有趣的特点,是一种成本低、效果好的数学启蒙和思维训练工具。比如,《首先有一个苹果》《十、九、八》《形状变变变》《这是什么队列?》《与众不同的站出来》。这几本书从不同的角度,通过不同的形式对数学元素做了融合。在亲子共读时,我们不必要求宝宝一定掌握和理解这几本书中概念性的表达,和宝宝一起饶有兴致地观察和发现就好了。

高效陪伴,亲子共读

"一个苹果"引起的数数游戏和数学概念认知

《首先有一个苹果》
[日] 伊东宽 文/图
蒲蒲兰 译
二十一世纪出版社

欢迎走进故事世界

故事首先从一个苹果开始。苹果里面有两条虫子,被天空中飞来的三只小鸟发现,这三只小鸟想要吃掉虫子。而三只鸟又被四个猎人发现了,猎人端起枪来想要打鸟。但是猎人又被五只猎狗发现了……以此类推,直到后面出现了十个蜂窝,引来了无数的蜜蜂，闹得一塌糊涂。最后从一数到十，数字也就都会了。

幸福伴读三步走

和宝宝一起认识故事中出现的角色：苹果、虫子、小鸟、猎人、猎狗、乌龟、小鱼、蜜蜂等。这些东西对于宝宝来说非常有吸引力。还可以从"首先有一个苹果"引发提问，问问宝宝接下来出现的故事角色的数目。注意在翻页时做出适当的停顿，给予宝宝思考和想象的时间，从而激发阅读兴趣。

鼓励和引导宝宝参与其中，为宝宝留出观察画面的时间，耐心地和他一起数一数画面中出现的故事角色的数量。

这本书的画面情节非常丰富，仔细观察会发现每一页都出现了一个苹果，可以让宝宝找一找。除了找苹果之外，还可以找虫子、找小鸟等。要适时地对宝宝的参与加以鼓励，让他说一说找到了几只或几个等，以感受数字概念和数量逐步递增的乐趣。

有效伴读看得见

我来画你来数。准备水彩笔、白纸，模仿故事内容的逻辑创编故事，并在纸上画出来，让宝宝数一数纸上的图形数量。比如：小熊过生日，妈妈准备了香甜的蛋糕，现在妈妈在切蛋糕，分给小熊和她的好朋友。边画蛋糕边让宝宝数蛋糕的数量，然后让宝宝说说蛋糕都送给了哪些小朋友。

数字对应。准备木质数字（1~5）一盒、串珠筒一盒、积木等。和宝宝一起把串珠分类，用不同的数字标注归类，然后和宝宝一起数数字、分类型。1个三角形宝宝，2个正方形宝宝，3个长方形宝宝……1颗珠子，2颗珠子，3颗珠子……

生活中学数字。下楼时，和宝宝一起数台阶；散步时，和宝宝一起数路旁有几棵小树，每数5棵树，就和小树抱一抱；和宝宝一起观察草地上爬来几只小蚂蚁，花坛里开了几种花，各有几朵；捡地上的树叶（锻炼宝宝的手指灵活性），观察树叶的形状和纹路，把捡起来的树叶分类摆放……

在具体场景中结合实物学习点数

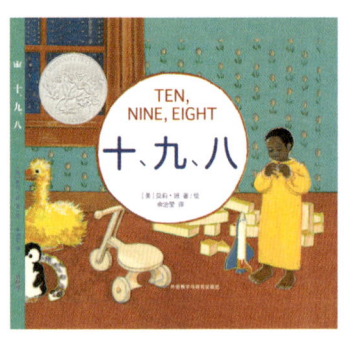

《十、九、八》

[美] 莫莉·班 著绘

余治莹 译

外语教学与研究出版社

欢迎走进故事世界

10个小小的脚趾头，洁净又干爽；9个软绵绵的朋友，静静地在屋里躺；8块方方正正的玻璃外，一片雪茫茫；7只小鞋子排成短短的一小行；6个白色的贝壳，挂在一起叮叮当当……要数到几呢？数到1呀，1个女孩子准备睡觉了，已经躺上床。

幸福伴读三步走

引导宝宝观察这本书的封面和扉页作为导入。和宝宝聊一聊封面上的小女孩穿的是睡衣，她该做什么了；扉页上爸爸和小女孩准备做什么。然后进入正文讲读。

讲读正文时，可以将阅读和数数互动游戏结合在一起。在讲读数脚趾头、玩具、玻璃、鞋子、贝壳、扣子等页面时，读完文字，适当引导宝宝点数、唱数或跟着故事情节做一些动作等，增强讲读的互动性。

按照从 1~10 的顺序，尝试倒过来讲讲这个故事，或许会有不一样的体验。

有效伴读看得见

从宝宝熟悉、喜欢的事物开始引导他数数，从而让数数游戏化、生活化，激发宝宝对数数的兴趣。

故事延伸至生活中，可以将数数作为一种睡前仪式，结合实物进行点数、唱数，鼓励宝宝多说。一定不要忘记亲亲宝宝，这是最有力量的爱的表达。

动手玩起来,形状变变变

《形状变变变》
[日] 得田之久 文
[日] 织茂恭子 图
李丹 译
江苏凤凰少年儿童出版社

欢迎走进故事世界

形状能变成好多种物品:吃的、用的、玩的。多个紫色的圆形组合变成了葡萄,三角形旋转变成了雨伞。红色的圆,黑色的圆,小小步子走不停。小黑点,小红点,动手组合一下,就变成了小瓢虫。

幸福伴读三步走

这套书共有《三角形滴溜溜》《四边形咣当当》《圆形骨碌碌》三本。先让宝宝随意翻阅,畅游充满魔力的形状世界。

"一闪一闪亮晶晶""哎呀呀,变成了瓢虫",富有诗意的语言如童谣一般,讲读时要读出文字的节奏感和韵律感,为宝宝积累早期语言经验。

讲读中与宝宝互动,翻页前稍作停留,让宝宝猜一猜不同形状组合起来会变成什么,或者让宝宝自己指一指画面中的物品并说出名字。

有效伴读看得见

把这套书当作工具书使用,在书中认识不同形状,或者用随书附赠的形状游戏卡随意摆出形状,训练宝宝的空间感、动手能力和创造性思维。

认识基础形状。用不同颜色的超轻黏土捏出不同的形状,再组合成宝宝熟悉的物品,在实际操作中认知形状和颜色。

"圆形圆形变变变,变个车轮地上跑""正方形,变变变,变个盒子找一找",教宝宝唱《形状变变变》的童谣,强化概念记忆,进行语言启蒙。

50种动物排排队,1~50的数字认起来

《这是什么队列?》
[日] 大村知子 文/图
蒲蒲兰 译
连环画出版社

欢迎走进故事世界

有一只好奇的小青蛙看到了标有"请排成一列等候"的指路牌,于是在小鸟的指引下向前走。小青蛙看到了一列长长的队伍,

并且排在了 50 号。从后向前看，会发现好多动物都在排队，动物的个头也越来越大。在排队的过程中，有的动物很惊奇，有的动物很期待，有的动物很疑惑，有的动物很着急，还有相邻的动物在聊天和做游戏，而小鸟则负责整个队伍的秩序。最后他们排队来到了一艘巨型海盗船上，开启了一次"惊险"的旅行。

幸福伴读三步走

排队这件事在生活中常常发生，购票的时候排队，候车的时候排队，在幼儿园吃饭、做操等都要排队。所以排队对于宝宝来说，再常见不过了。因此，这个故事很容易和宝宝的日常生活产生链接。从书名导入故事讲读，让宝宝带着好奇心进入故事，一探究竟，到底是什么队列呢？这些小动物在排队做什么呢？

讲读中，引导宝宝观察画面细节，重点在于让宝宝发现，小动物们在排队过程中做了什么，他们的情绪状况怎么样？或许宝宝会和自己排队时的心情产生关联。

这本书最后的大拉页设计，把整个故事推向高潮，给了宝宝一个惊喜。讲读结束后，可以做适当延伸，比如，让宝宝根据物体形态的大小进行排列，按数字顺序进行排列，等等。在生动有趣的游戏中，自然而然地进行数学启蒙。

有效伴读看得见

玩"萝卜蹲"游戏。父母和宝宝分别扮演三种动物，譬如，大象、长颈鹿和熊猫。然后三人站成一排,其中一人说:"大象蹲!""大象"就蹲下。接下来换"大象"说:"大象蹲,大象蹲,大象蹲完熊猫蹲!""熊猫"就蹲下。以此类推。

将废纸撕成长短不一的小纸条,一共撕 5 条,让宝宝按照从短到长或者从长到短的顺序进行排序。

父母发出指令,宝宝模仿不同的动物,或者宝宝模仿动物,父母猜出对应的动物名称。这会是非常有趣的亲子陪伴体验。

找不同,锻炼观察力、专注力和记忆力

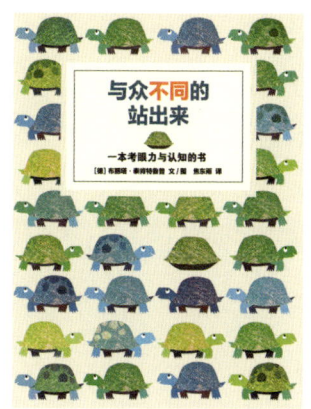

《与众不同的站出来》
[德] 布丽塔·泰肯特鲁普　文/图
焦冬雨　译
二十一世纪出版社

欢迎走进故事世界

在一群小鸟中间,哪只小鸟啄到了虫子?在一群蝙蝠里,哪只蝙蝠还在睡大觉?在一群骆驼里,只有一头单峰驼,你能找到它吗?随后,海豹、乌龟、鸵鸟、熊猫、猴子、犀牛、火烈鸟、鱼、

狐猴、企鹅和蝴蝶依次出现，寻找的难度也逐步升级。你能否完成这项大挑战呢？

幸福伴读三步走

这本书的文字读起来像歌谣，我们不妨用自己熟悉的旋律把它哼唱出来，这样更容易让宝宝记住。读完每一页的文字后，都可以做适当的提问，我们应该找什么样的？以此来判断宝宝是否真的理解了文字内容。

随着图画内容越来越复杂，讲读时需要更加细心和更大的耐心。如果宝宝想放弃甚至发脾气，我们可以安抚宝宝的情绪，提示一下寻找的方法，或者与宝宝一起寻找，并不露声色地帮助他。这样不仅减少了寻找的时间，而且适当的提示也会让宝宝对于接下来的寻找更有信心。

故事的最后一页不但考验眼力，也考验宝宝的记忆力。引导宝宝回想一下前面都看到了哪些动物，看看宝宝能不能找到那个与众不同的。

有效伴读看得见

准备六张扑克牌，红桃1、2、3，方块1、2、3。将它们正面朝上摆放，引导宝宝仔细观察扑克牌。然后，把扑克牌翻过去，背面朝上，让宝宝回忆扑克牌的花色，找出两个数量相同的扑克牌进行配对。

06　数字123，形状在变化
——数学思维巧培养

在白纸上画一只蝴蝶，让宝宝用画笔为蝴蝶涂上漂亮的颜色，并鼓励他说一说这只蝴蝶的不同之处。

伴读小贴士

对0~3岁的宝宝进行数学启蒙，激发兴趣很重要。亲子共读以数学思维为主题的绘本，用故事渗透概念，从书中选取好玩的数学游戏，帮助宝宝建立初步的数学认识，产生浓厚的探索欲望。

1. 考虑年龄因素，选择适龄的相关绘本，宝宝更容易对其中的数学概念、数学游戏产生兴趣，并且形成自己的理解。

2. 把绘本中的数学内容和身边的常见事物紧密联系，比如，几片花瓣、房屋的形状、平分苹果等，帮助宝宝在生活中认识数学、运用数学。

3. 从绘本中选取好玩、具体的数学游戏，耐心引导宝宝理解数学概念，如果宝宝在游戏中有积极的回应，一定要及时肯定，进一步激发他学习数学的动力。

扫码开启绘本育儿

绘本来帮忙

0~3岁养育与伴读指南

07 百变创意，环游艺术国
——鉴赏创新全开启

绘本来帮忙

0~3岁养育与伴读指南

孩子一出生
咱当妈的就对孩子寄予厚望
且不说考上清华北大啥的
艺术培养这一块可不能落下！

随着孩子年龄越来越大
艺术"细菌"没增加一点
要么你忙，没时间

要么就穷得叮当响

就算又有时间又有钱
你还需要有"相扑"的体魄
穿梭于各个兴趣班之间

扶我起来
我还能再跑18个地方……

怎么办
我是不是给孩子拖后腿了？

艺术启蒙，听听林丹怎么说

说到艺术启蒙这个话题，很多父母都会联想到给宝宝报兴趣班，跟着专业老师学音乐、跳舞、画画等。可问题是，宝宝需要从几岁开始报各种兴趣班？应该选择什么样的老师和授课方式为宝宝进行艺术启蒙？除了在兴趣班学习之外，父母又能为宝宝的艺术启蒙做些什么呢？

要回答这些问题，仁者见仁，智者见智。但毋庸置疑的是，艺术启蒙绝不仅仅是报兴趣班和学习技能，更重要的是培养艺术欣赏能力，提升艺术审美，激发畅游艺术世界的兴趣。0~3岁的宝宝浸染在艺术环境中，多多接受艺术熏陶，一定能够体验到艺术的美好。

要做到上面所说的事情，父母有心为之最重要。不拘于带宝宝到剧院听一场音乐会，或者在家听一曲优美的乐曲；去剧场欣赏舞蹈家表演，或者观看邻家小姐姐跳舞；去美术馆看艺术展览，或者在家涂鸦绘画。我们不必执着于某种场合或者某种形式，应更多地关注艺术带给宝宝的美好体验，以及宝宝心生对美的喜爱和向往。

给宝宝阅读各类以艺术创想为主题的绘本，是一种非常有效的艺术启蒙方式，尤其是美术思维的培养和引导。《小泥人》《画了一匹蓝马的画家》《我的连衣裙》《挠挠大怪物》《一起玩形状游戏》，类似这样的绘本能够帮助宝宝了解画面上的点、线、面，以及颜色能发生什么好玩的变化。共读后，我们可以带宝宝一起玩，比如在白纸上自由地发挥。久而久之，宝宝的艺术创意、颜色搭配和画面构图能力，一定会让我们大吃一惊。

高效陪伴，亲子共读

动动小手玩泥巴

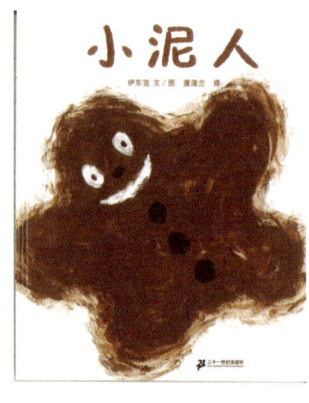

《小泥人》
[日] 伊东宽 文/图
蒲蒲兰 译
二十一世纪出版社

欢迎走进故事世界

泥巴澡盆里有一个小泥人。它东看看，西看看，把头拱起来，并使劲儿伸出了胳膊。小泥人是怎么制作的呢？制作小泥人需要哪些材料，又有哪些注意事项呢？除了小泥人的制作，小泥人喜欢玩的"泥巴炸弹"和"泥巴飞溅"游戏，相信很多小朋友也会喜欢。

幸福伴读三步走

留意这本书封面和封底隐藏的信息。可以从封面开始讲，封面中有一个五角星形状的胖胖的小泥人，很可爱，他是从哪里来的呢？以此引导宝宝进入故事情境中。封底处一张大大的泥巴笑脸也不要忽略，宝宝看到后可能会感到很欢乐。

在讲读过程中，父母可以站在小泥人的角度，东看看，西看看，根据故事情节，适当加上丰富的表情和肢体动作，增强讲读的趣味性。比如，小泥人探出头、伸出胳膊、用力搅拌等。

这本书中出现了一些拟声词，"嗨哟哟，哎哟哟""轰""嗖嗖嗖""扑通"。讲读时，可以通过语音语调的变化和夸张的语气来表现，从而更加形象地呈现出小泥人的俏皮状态，很好地把宝宝带入故事情境中。

有效伴读看得见

和宝宝一起用黏土捏出他喜欢的形状或物品。也可以用面粉和水制成面团，来玩塑形游戏。鼓励宝宝用黏土或面团制作"小泥人"，边捏边说出故事里的语句："东看看，西看看，把头拱起来……"

户外玩耍时,和宝宝实际玩一次"泥巴炸弹"和"泥巴飞溅"游戏,将故事情境延伸至生活中,丰富亲子互动形式。

唱泥巴歌,做泥巴操。为宝宝准备一块泥巴,按照以下提示做:一二三四团一团,团一团;二二三四搓一搓,搓一搓;三二三四压一压,压一压;四二三四摔一摔,摔一摔。宝宝不仅会很喜欢,还能通过这样的体验锻炼手部肌肉,发展精细动作能力。

想象无边,艺术无界

《画了一匹蓝马的画家》
[美]艾瑞·卡尔 文/图
宋珮 译
明天出版社

欢迎走进故事世界

我是小画家。我拿起画笔,画了一匹蓝色的马、一条红色的鳄鱼、一头黄色的牛、一只桃红色的兔子、一只绿色的狮子、一头橘色的大象、一只紫色的狐狸、一只黑色的北极熊和一头彩色圆点的驴子……

幸福伴读三步走

一边读文字，一边欣赏图画中特别的动物，感受色彩的冲击力和大跨页构图带来的惊喜，沉浸在自由想象的世界中。

作者用色洒脱随意。用热情的语气讲述故事，或者逐字复述，或者增字描述，以呈现一幅幅自由奔放、极具活力的动物图画。

用关键词串联故事，马、蓝色，狮子、绿色，再加上动物的叫声，嘶嘶、吼。或者引导宝宝自己欣赏这些动物独特的灵性和活力。

有效伴读看得见

讲读结束后，可以参考这本书一开始的色彩涂鸦，和宝宝一起以颜色为线索，复述整个故事，锻炼宝宝的记忆力和表达能力。

鼓励宝宝画出自己喜欢的动物，颜色任选、线条随性，唤醒宝宝体内潜藏的想象力种子，让他展现出最原始、最丰盈的创造力。

在生活中区分颜色，苹果的红色和西红柿的红色，橙子的黄色与香蕉的黄色，汽车的不同颜色，从而帮助宝宝认识颜色，感受不同色彩的美感。

奇思妙想绽放艺术之美

《我的连衣裙》
[日] 西卷茅子 文/图
彭懿 译
明天出版社

欢迎走进故事世界

小兔子穿着漂亮的连衣裙,走进花丛里,裙子上便有了花朵。随着环境的变化,连衣裙上还出现了草籽、雨滴、小鸟等图案。这真是太神奇了!我的连衣裙还会变成什么样子呢?

幸福伴读三步走

通过观察封面、猜测情节进入故事讲读。画面上被遮住的小动物是谁呀?她在哪儿呢?以此引发宝宝对故事的兴趣,进入连衣裙变化的神奇世界。

每当连衣裙改变时,小兔子都说:"啦啦啦,啦啦啦,我穿上××花样的连衣裙了,漂亮吗?"用熟悉的旋律唱出"啦啦啦",表现惊喜之情。

整个故事以"穿上连衣裙——环境改变——裙子图案改变"的

方式和节奏叙述完成,讲读时用翻页的速度控制节奏感。

有效伴读看得见

在白纸上画出上衣、裤子、裙子,或者直接用白纸剪出衣物的形状,让宝宝用蜡笔在空白处涂色或者画出图案。

故事结构简单、重复,语言富有童趣和乐感,比如"缝纫机,咔哒咔哒",宝宝很容易记住故事梗概,鼓励宝宝用自己的方式讲出来。

打着节拍,尝试用儿歌的形式把故事唱出来,让宝宝跟着节奏舞动身体,感受文字与音乐相结合的韵律美,进一步激发宝宝对阅读的兴趣。

图形重组大变样,巧思妙想来帮忙

《挠挠大怪物》
[法] 爱德华·蒙松 著
青豆童书馆 赵佼佼 译
重庆出版社

欢迎走进故事世界

有个大怪物站在我面前,我勇敢地说,大怪物,我不但不害怕你,还敢挠挠你!挠挠你的犄角,犄角掉下来,变成了月亮;挠挠你胳肢窝下的痒痒肉,胳膊和手消失了,长出了大树……怎么样,大怪物,再来敲我家的门,我就一口吞掉你!

幸福伴读三步走

作者用第一人称和大怪物展开对话。模仿宝宝的口吻,用夸张的语调讲读故事,能够更好地把宝宝代入故事情境。

这本书用图形拼接的形式创造了大怪物的形象。引导宝宝说出大怪物不同身体部位的名称,比如犄角、胳肢窝、脚丫儿等,或者让宝宝也去挠挠大怪物,更好地理解文字和图画所表现的内容。

这本书口语化的语言简单易学。和宝宝一起,重复阅读这个故事,或者鼓励宝宝尝试用自己的方式讲读故事。

有效伴读看得见

准备安全剪刀和不同颜色的彩纸,剪出不同形状的色块,然后把色块拼贴在一起,制作一只属于宝宝自己的"大怪物"。

玩"挠挠身体部位"的游戏。父母挠挠宝宝的身体,同时说出对应身体部位的名称。或者由父母发出挠挠某个身体部位的指令,宝宝完成指定的动作。

玩"大怪物变身"的游戏。就像这本书中的大怪物可以变成大树、汽车、房子等物体一样,父母和宝宝利用身体独自完成或者彼此协作,变成不同的事物。

形状随心变,创作乐无边

《一起玩形状游戏》

[英]安东尼·布朗　文
[丹]汉纳·巴托兰　图
余治莹　译
北京联合出版公司

欢迎走进故事世界

大熊哥哥和象小妹很喜欢画画,一天,大熊哥哥实在想不出来要画什么,象小妹就在纸上随意画了一个形状递给了大熊哥哥。大熊哥哥看了看,便在纸上画了起来,它加几条线、点一点,一幅新的图画完成了。这样还不够,象小妹又拿出了一片包装纸,大熊哥哥拿了一根小树枝……小朋友们猜猜看,这次大熊哥哥和象小妹又会把它们变成什么呢?

幸福伴读三步走

故事中的象小妹随意画出的一个图形，通过大熊哥哥的不断添加，就变换出了新的图案，这样的创意设计会让宝宝感到很有趣。在共读过程中，可以鼓励宝宝说一说、猜一猜，象小妹和大熊哥哥会把它们变成什么呢？

讲读时，伴随故事情节，引导宝宝参与互动。可以让宝宝用小手沿着形状的轮廓线画一画，感知形状，边画边问宝宝："这是一个什么形状？"

还可以准备纸和笔，一边讲读故事，一边在纸上模仿画出书中的形状。然后让宝宝在上面涂鸦，看看会变成什么有趣的图案。

有效伴读看得见

玩"吹画"游戏。准备水粉纸、水粉颜料、滴管和吸管。先把水粉颜料调制成较稀的状态，再用滴管把颜料滴在水粉纸上。滴好后，和宝宝一起用吸管对着颜料吹气，吹出不同的形态。

玩"形状"游戏。准备白纸和画笔，引导宝宝在白纸上随意画出一个形状，父母在这个形状上添加几笔变成新的图案。在画的过程中，还可以问问孩子："你想把它变成什么呢？它还可以变成什么呢？"宝宝一边想一边说，父母根据宝宝的描述，画出相应的图形。

制作粘贴画。准备一张彩纸、一张白纸、一把剪刀、一瓶固体胶。用剪刀把彩纸剪成不同的形状后，用固体胶把剪出的彩纸色块粘贴在白纸上做出不同的图案。

伴读小贴士

兴趣是最好的老师。和宝宝一起听音乐、自由舞蹈，共读大量优质绘本，无疑是为宝宝打开艺术之门的有效路径。关于0~3岁宝宝的艺术启蒙，有几个伴读小贴士分享给大家：

1. 激发兴趣比掌握技能更重要。用心观察宝宝的兴趣点，对于宝宝自由涂鸦的作品，关注其表达的内容，而不随意评论画得像不像、合理不合理。

2. 探索是宝宝成长的主题。当宝宝愿意尝试某种艺术形式时，给予积极的回应和鼓励，激发宝宝更主动地去体验和感受。

3. 为宝宝提供宽松、自由的成长环境。创意涂鸦、自由舞蹈、故事创编、户外畅游等都能保护和促进宝宝的想象力和创造力的发展，这是艺术启蒙非常重要和有效的方式。

扫码开启绘本育儿

绘本来帮忙

0~3岁养育与伴读指南

08 入睡习惯，养成伴一生

—— 不吼不叫乖乖睡

绘本来帮忙

0~3岁养育与伴读指南

绘本来帮忙

0~3 岁养育与伴读指南

当妈后
你以为每天晚上9点就会
自动出现这个画面

呵呵,打败你的不是天真
而是……

现实

嘀嗒嘀嗒……11点啦

亲生的
亲生的

亲生的

这时候
葵花宝典、如来神掌
都救不了你……
来跟我念
宝宝睡得好
爸妈不烦恼
宝宝不睡觉
绘本帮忙很必要

宝宝不睡觉,听听林丹怎么说

我们都知道,好的睡眠习惯对宝宝身体发育和健康特别重要。但是在养育宝宝时,睡眠问题常常让新手父母感到焦虑。比如作息不规律、夜醒次数多、哭闹不安等。我们需要在分析原因后,从实际情况出发,寻找解决问题的办法。

首先要排除生理因素。宝宝晚上不睡觉,是不是身体不舒服?如果没有身体不适,那就要看看是不是白天睡得过多,或是午睡睡得晚了。在日常生活中,我们应细心观察宝宝的起居规律,及时调整、合理安排宝宝的作息时间,尽可能帮助宝宝建立规律的生活方式。

父母的作息时间也会影响宝宝的睡眠。当下的普遍情况是,年轻父母工作忙、下班晚,亲子陪伴时间少,而宝宝对父母又有强烈的情感依恋,于是就等待父母下班回家和自己玩。这时别说睡觉了,宝宝反而会表现得更加兴奋。如果是这种情况,父母就需要对工作时间稍作调整,或者提高亲子陪伴的质量,来满足宝宝对陪伴的情感需求。

不管怎样，在解决睡眠问题时，尽量不要选择和宝宝对抗的方式，更不要强迫他入睡。相反，我们应争取在有限的陪伴时间里，选取适当的方式，逐步培养宝宝的睡眠习惯。睡前亲子阅读绘本，不失为一种引导宝宝入睡的可取方式。在这里，我推荐《数一数，亲了几下》《晚安，月亮》《睡宝宝》《睡吧，像老虎一样》《别让鸽子太晚睡》等经典绘本，供大家参考和使用，相信能帮助宝宝很快度过"不好好睡觉"的阶段。

高效陪伴，亲子共读

香甜晚安吻让宝宝安然入睡

《数一数，亲了几下》
[美] 海伦·卡兹　文/图
漆仰平　译
南海出版公司

欢迎走进故事世界

小宝宝在哭闹，妈妈没有惊慌和烦躁，而是温柔地抱着宝宝，给予她深情的拥抱。除了妈妈，还有爸爸、奶奶、姐姐，就连家里的小猫和小狗，都来哄她、逗她、抱她、亲她，宝宝终于安然入睡。

幸福伴读三步走

像这本书中提到的那样，给予宝宝轻柔的吻，在有趣的亲亲游戏中，让他感受到全然的接纳和理解，渐渐进入香甜的梦乡。

讲读时，用轻柔的语调描述整本书图画部分的丰富信息，营造舒缓的氛围，帮助宝宝安然入睡。

在每个形象出场时，父母尽可能变换语音语调，用不同的声音将角色加以区别，使故事讲读更具有场景感。

有效伴读看得见

父母给宝宝做全身抚触。一边抚摸，一边带领宝宝认知不同的身体部位，增强宝宝感知觉能力。

玩"握手"游戏。父母握着宝宝的手指，或者引导宝宝抓握父母的手指。这个游戏简单易操作，并且可以有效刺激宝宝的感官，锻炼手部肌肉。

根据故事情节，经常和宝宝说话，尤其要着重说出这本书中的词组，比如软乎乎的小耳朵、圆圆的小下巴等，帮助宝宝进行早期语言积累。

营造温馨的睡前环境

《晚安,月亮》
[美] 玛格丽特·怀兹布朗　文
[美] 克雷门·赫德　图
阿甲　译
北京联合出版公司

欢迎走进故事世界

小兔子该睡觉了,它向房间里每件熟悉的东西说晚安:晚安,短袜;晚安,座钟;晚安,小屋;晚安,老鼠;当然还有窗外闪烁的星星,空气和月亮。那么,晚安,月亮……

幸福伴读三步走

读这个故事时,父母尽量营造安适、温暖、宁静的氛围,优美舒缓地读出绘本中的文字,让宝宝领悟到简单词句中蕴含的深切情感和节奏美感。

引导宝宝仔细观察图画,轻声说出图画中事物的名称,既满足了宝宝的认知需求,又避免了宝宝因过于兴奋而不愿入睡。

和宝宝一起认真观察图画中颜色的变化、时间的变化、月亮的变化、灯光的变化等,让宝宝明白"到了夜晚入睡的时候",就要安静下来准备睡觉了。

有效伴读看得见

一句句重复的"晚安"为宝宝建立睡前仪式感,父母温柔的声音如同一首爱的催眠曲,带领宝宝进入甜美的梦乡。

对每个物品说晚安,有利于宝宝展开认知,比如认识小猫、小房子等。可以模仿这本书中的小兔子和身边的人或物品问好、说再见、说晚安。

这本经典绘本值得反复阅读,每次翻开都会有新发现。和宝宝找寻藏在图画中的细节,也许是母牛跳过月亮,三只小熊坐在椅子上,或是其他。

一本晚安书,贴心睡前小提示

《睡宝宝》
[美]桑德拉·J. 豪厄特 著
[美]乔伊丝·万 绘
青豆童书馆 巴哑哑 译
重庆出版社

欢迎走进故事世界

月亮升上了天空,大地上的动物都蜷伏在最舒适、最惬意、最柔软的地方。小鸟睡在鸟巢里,小兔睡在草丛里,小猪睡在干草堆里……可是,还有一个小睡宝宝在哪儿呢?哦,原来小家伙在妈妈的怀里睡着了。

幸福伴读三步走

《睡宝宝》是一本堪称经典的"晚安书"。父母用轻柔的声音,将诗歌一样舒缓、柔和的文字读出来,为宝宝营造安静适宜的睡前氛围。

为宝宝讲读睡前绘本,是一个很好的睡前提示——读完绘本,就该睡觉了。用讲故事的方式让不肯睡觉的"小魔王"乖乖入眠。

宝宝可以在父母温和的讲述里,感知世界的美好、温暖和安宁,倾听一首绘本版的"摇篮曲",甜蜜、安然地进入梦乡。

有效伴读看得见

午睡前或者晚上入睡前,父母和宝宝玩"睡宝宝"的游戏,想象自己像某个小动物一样,睡在树洞里、草丛里或壁炉边,安然入眠。

其他时间读这本书时,引导宝宝说说故事里每个小动物的名字,观察它们的睡姿和睡觉地点,了解不同动物的形态特征和生活习性。

用简笔画画出宝宝喜欢的动物,或者打印出相应的动物形象,和宝宝一起涂色、裁剪、粘贴,创作出个性十足的"睡宝宝"作品。

选择合适的睡前聊天内容

《睡吧,像老虎一样》
[美] 玛丽·洛格 著
[美] 帕梅拉·扎加伦斯基 绘
杨玲玲 彭懿 译
北京联合出版公司

欢迎走进故事世界

一个不想睡觉的小女孩,坚定地表示她不累,还不想睡。父母就告诉她各种动物睡觉的地方和不同的睡姿,然后亲亲她,把灯熄了,还对小女孩说她可以整夜醒着。结果,小女孩不知不觉地进入了梦乡……

幸福伴读三步走

这本书的文字韵律感强、充满诗意,在一遍遍的讲述过程中,不仅要带宝宝认识动物、了解它们的睡眠习惯,还要引导宝宝体会叙事的美妙和入睡的美好。

安静、轻柔地讲述故事,描述动物们入睡的情节。放低音量、压低声调,宝宝自然会收到该睡觉的讯息。

亲子间温柔地一问一答,平静地共读绘本,让宝宝在被窝里得到安全感和信赖感,与主人公一起沉醉于睡梦中。

有效伴读看得见

面对精力充沛、不愿入睡的宝宝,父母不妨像故事中一样,选择与睡眠相关的话题,和宝宝聊聊天,有技巧地引导宝宝入睡。

图画作者采用多媒材技法和明亮的色彩,设计出创意十足的细节。如果宝宝暂时没有困意,不妨和宝宝一起观察图画里的秘密,直到宝宝像老虎一样睡着。

耍赖不睡觉?角色互换是妙招

《别让鸽子太晚睡!》
[美]莫·威廉斯 著
阿甲 译
新星出版社

欢迎走进故事世界

天已经黑了,一只顽皮的鸽子却还耍赖不想睡觉。你看它哈欠连天,连眼睛都睁不开了,却不肯睡觉,还找了一堆借口:看教育类电视、聊天、数星星、喝水……真让人没办法。这样的鸽子是不是很眼熟?完全就是家里小宝贝的样子嘛!

幸福伴读三步走

故事采用对话的方式，让宝宝参与其中，变成主角。亲子共读时，父母要把自己变成一个旁观者，不干涉、不评判，引导宝宝自己去完成和鸽子的对话，让宝宝想办法说服鸽子去睡觉。

如果宝宝一开始不想劝鸽子去睡觉也没关系，可以让他先演鸽子，或是交代任务的人。总之，让宝宝产生兴趣是首要的。如果宝宝没有记住故事中的原话，也可以引导他根据自己的想象和理解来发挥，说不定还能收获更多意想不到的幽默句子。

故事讲到最后时，可以参照这本书中的方法，让宝宝选择一个陪睡的玩偶，过渡到睡觉环节。

有效伴读看得见

鼓励宝宝回忆并说一说：自己在睡觉前都做了哪些事情？睡觉时有哪些习惯？喜欢抱着哪个小玩偶一起睡觉？通过提问或聊天，引导宝宝形成一个良好的睡前习惯。

根据故事情节和宝宝进行角色扮演游戏，父母可以扮演小鸽子，宝宝扮演小鸽子的父母，劝导小鸽子睡觉。这能潜移默化地让宝宝明白早睡的好处。

伴读小贴士

0~3岁的宝宝总会产生各种睡眠问题。父母要放下焦虑、急躁的情绪,在故事中学习好方法,助力宝宝建立规律的作息,让宝宝健康、快乐地成长。

1. 以"晚安"为主题的绘本最适合睡前共读。共读前营造良好的睡眠环境,比如拉上窗帘,打开小台灯,尽量把灯光调到柔和的状态。

2. 睡前亲子共读时,父母尽量用轻柔、舒缓的语气讲述故事,和宝宝少一些热烈的互动,让宝宝慢慢平静下来,体会故事的意境,逐渐进入甜美的梦乡。

3. 每晚睡前给宝宝读个故事,再给他甜蜜的拥抱和亲吻,不仅可以让宝宝内心安稳平和,还有助于建立入睡的仪式感。

扫码开启绘本育儿

09 我不挑食,食物香喷喷

——均衡营养吃饭香

挑食

这是大型特务审判现场?
NO，NO
这是大型追喂吃饭现场
因为家里有一个"饭渣"
不管是精心制作的辅食

还是进口美味成品

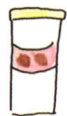

都打动不了这位仙人的心……

你只能……

要不然就是开头的咆哮
都没有用~~

不管了，只要他吃饭，干
啥都行……

09 我不挑食，食物香喷喷
——均衡营养吃饭香

宝宝不爱吃饭，听听林丹怎么说

健康的食物和均衡的营养对宝宝的成长和身体发育十分重要，想必每一位父母都不会否认这一点，并且希望宝宝有良好的饮食习惯。但关于饮食习惯的养成，却是新手父母常常感到焦虑的事情。比如，宝宝挑食、爱吃零食、独立吃饭困难、家中长辈追着喂饭等成为常态问题。我们需要有针对性地分析原因，积极寻找解决方法。

宝宝不爱吃饭，首先要排除生理因素和天气因素，是不是身体不舒服？是不是天气太热，没胃口？前者要及时就医，后者可以调整饮食结构。如果都不是，就要考虑用餐习惯是否合理，喂养习惯是否科学。比如，吃饭时间和地点不固定，两餐之间吃过多零食，边吃饭边看电视或玩玩具，这都是不可取的。

面对问题，寻求改变，尝试几个好方法：为宝宝准备儿童餐椅，固定时间和地点用餐，营造舒适温馨的用餐环境，建立一种仪式感；家庭成员用餐不挑食，起到示范作用；家中准备多种类型的食物，充分调动宝宝的食欲；尽量营造安静的用餐环境，用餐时不要打开电视、平板电脑等电子产品,这很容易分散宝宝的注意力;用餐结束及时收拾餐具,让宝宝知道吃饭时间已经结束。坚持一段时间,宝宝会逐渐养成在吃饭时间好好吃饭,不拖拉、不磨蹭的好习惯。

当然,任何事情都不能一蹴而就,在对待饮食习惯这件事情上,父母更不能用逼迫的态度。除了用到前面所说的方法,我们还可以为宝宝提供相关主题的绘本。比如《喝汤喽,擦一擦》《开始吃啦!》《小小的早餐》《不吃糖,不许吃蔬菜》《食物魔法师》等。这些绘本不仅从不同维度示范了培养健康饮食习惯的方法,还呈现了巧妙的亲子沟通技巧。和宝宝一起读一读,相信宝宝能很快度过"不好好吃饭"的阶段。

高效陪伴,亲子共读

香香的汤水喝进肚,嘴边的汤汁擦一擦

《喝汤喽,擦一擦》
[日] 林明子 文/图
小林 小熊 译
少年儿童出版社

09　我不挑食，食物香喷喷
——均衡营养吃饭香

欢迎走进故事世界

吃饭时间到了，小宝宝和玩偶们一起排排坐喝汤喽！哎呀，小老鼠把汤洒在了肚子上，小兔子弄脏了小手，小熊弄脏了小脚丫。小宝宝帮助大家把被汤弄脏的地方擦干净。最后，妈妈帮小宝宝擦了擦小嘴巴。

幸福伴读三步走

这本书画面色彩明快，故事情节简单有趣，语言口语化且富有节奏感。用轻松的语气讲读故事，传递出对食物的喜爱和用餐的愉快。

这本书中出现了小老鼠、小兔子、小熊等玩偶，还有小汤勺、小盘子等餐具。边讲故事边引导宝宝与玩偶、餐具互动，让故事呈现更加活泼有趣。

观察玩偶的表情变化和故事里宝宝认真擦拭的样子，用不同玩偶讲话的口吻与宝宝对话，复述故事或创编新情节。

有效伴读看得见

借鉴这本书中的方法，让宝宝和喜欢的玩偶一起吃饭，并且及时肯定和鼓励宝宝的进步，帮助宝宝养成良好的用餐习惯。

准备一块小手帕，引导宝宝模仿故事中的宝宝，为玩偶擦擦嘴巴，培养宝宝讲卫生的饮食习惯，锻炼手指精细操作的能力，吸引宝宝参与和体验故事。

除了饭后擦嘴,再引导宝宝给玩偶擦拭身体,帮助宝宝有意识地学习和逐渐掌握基本的生活技能。

花样美食,提高宝宝对食物的兴趣

《开始吃啦!》
[日] 宫尾怜衣 文/图
晓晗 译
连环画出版社

欢迎走进故事世界

吃饭时间到啦!小狗、小兔、小猪、小老鼠、大象,分别端出了美味的食物——花朵形状的三明治,各种口味的美味饭团……穿上漂亮的小肚兜,铺上舒适的餐垫,开始吃啦!啊呜——啊呜,大家吃得可真香啊!

幸福伴读三步走

这本书中的线条简单可爱、色彩丰富明快,加上富有韵律感的文字,更加适合用轻松愉悦的语调加以呈现。

把宝宝抱在怀中,一边翻书讲读故事,一边模仿每种动物的声音,介绍自己的美味食物,发出"啊呜——真好吃"之类的感叹声。

使用通俗易懂的语言来描述不同食物的形态特征,讲读到"先吃什么好呢"时,可以让宝宝帮助小动物选择先吃哪个后吃哪个,展开有趣的互动。

有效伴读看得见

引导宝宝观察和对比每种小动物吃东西前后所发生的表情变化,学习小动物对食物的态度,感受吃的愉悦和乐趣,调动宝宝吃饭的积极性。

把故事延伸到生活中,制作出美味的食物,带宝宝再现这本书中的情节和场景,建立吃饭的仪式感,培养良好的饮食习惯。

鼓励宝宝把这本书中精短的语言说出来,提升表达能力和理解能力,并对故事里的食物和小动物加以认知。

小小厨师做饭忙,爸爸妈妈快品尝

《小小的早餐》
[法] 米歇尔·盖伊 文/图
孙敏 译
二十一世纪出版社

欢迎走进故事世界

早上醒来，斑马小奔发现爸爸妈妈还在睡觉。怎么才能让他们开心地起床呢？聪明的小奔想到一个好主意，为爸爸妈妈做一顿幸福而丰盛的早餐。小奔做的早餐会是什么呢？

幸福伴读三步走

用小奔的语气轻松地讲述这个童趣十足、温暖人心的故事，展现儿童稚拙可爱的行为和丰富的内心世界。

讲到小奔给爸爸妈妈送餐时说"要小心"的场景时，稍作停顿再翻页，引导宝宝关注地上的车子，猜测接下来会发生的状况。

用夸张的语气和表情讲读小奔摔倒的情节，让宝宝观察和描述屋子里一片狼藉的画面，与宝宝稍作互动，说说小奔此刻的感受，想想小奔是否会放弃。

有效伴读看得见

选取故事中的某处情节和宝宝互动，引导宝宝观察小奔的动作，比如，小奔如何关上爸爸妈妈的房门，怎么搬凳子拿咖啡杯等，体会小奔的细心和体贴。

从家里的玩具中找出小小的茶杯和餐具，和宝宝玩做饭、吃饭的游戏，假装做出宝宝爱吃的食物，再美美地品尝一番。

当宝宝也像小奔一样，表现出爱父母以及坚持不懈的行为时，比如，把自己爱吃的食物分享给家人，想要做些家务等，父母一定要及时给予鼓励和表扬。

逆向思维助力宝宝爱上吃蔬菜

《不吃糖，不许吃蔬菜》
[美] 艾米·克劳斯·罗森塔尔 著
[美] 简·科雷斯 绘
余治莹 译
湖北美术出版社

欢迎走进故事世界

有一颗小豆子，每天都非常开心，只有一件事情他特别不喜欢，就是在家里每天的晚餐都是吃糖果！小豆子最讨厌糖果了，可是爸爸妈妈说要想长得强壮，必须多吃糖果。还好，每次吃完讨厌的糖果，都会有小豆子最喜欢的蔬菜做点心。

幸福伴读三步走

这本书的文字富有创意，充满动感，我们在讲读时可以引导宝宝观察，增强阅读的趣味性，讲读的语气也可以是轻松欢快的。比如"他很喜欢从小山坡上翻滚下来"，书中将"山坡上"三个字设计成弧形，比其他文字高出一截，在讲读时可以提醒宝宝："哇，宝贝你看，这里也有一个小山坡！"

这本书的前半部分讲述了小豆子玩耍的各种游戏。讲读时可以选择一个比较开阔的地方，让宝宝跟随小豆子进行一些小范围的运动。比如在读到"小豆子也喜欢和好朋友一起荡秋千"时，就可以问问宝宝："你喜欢荡秋千吗？荡秋千是什么感觉呀？"恰当的提问，能让宝宝自然而然地融入故事情境中。

讲读结束后，我们可以和宝宝聊一聊："小豆子最讨厌吃糖果，最喜欢吃蔬菜，那你最讨厌吃什么，最喜欢吃什么呢？"

有效伴读看得见

和宝宝一起把家里的蔬菜和糖果（或其他垃圾食品）摆在桌子上，让宝宝对食物进行分类，将营养食物放在左边，垃圾食品放在右边。

用报纸将家里的食物和小玩具包裹起来，譬如，葡萄、蓝莓、瓜子、毛绒玩具等。然后让宝宝摸一摸、猜一猜，说出哪些是食物，哪些是玩具。

制作美味的蔬菜沙拉。准备切好的蔬菜、沙拉酱、碗和筷子，然后让宝宝把蔬菜放在碗里，倒上沙拉酱，进行搅拌。这样一个亲自参与和制作过程，很容易引导宝宝喜欢上吃蔬菜。

美味食物变花样,好奇宝宝吃饭香

《食物魔法师》
高盈 著绘
机械工业出版社

欢迎走进故事世界

美味的食物会魔法,一个一个变了样。大米先来变变变,变出炒饭、竹筒饭、荷叶包饭、奶酪焗饭,还有粽子、米线、寿司、锅巴和米花糖。萝卜、鸡蛋、青菜也来变变变,它们又会变出什么呢?打开绘本,和小熊一起看看食物魔法师到底怎么变。

幸福伴读三步走

这套书中出现了多个拟声词,比如"沙沙沙""咕嘟咕嘟""嘿呦嘿呦"等。用快乐、轻松的语调读出这些词语,增强讲读的趣味性。

从画面到文字,故事一直在呈现食物变化后的惊喜。每次翻页前稍作停留,问问宝宝:"还会变成什么呢?"然后翻到下一页,用惊讶的语气说出变化后的食物,从视觉和听觉上给予宝宝愉悦的美食享受。

每本书的最后都有"小知识"板块。读完故事,再给宝宝讲讲食物相关的常识,如果能拿着具体的食物讲解这些内容,既准确又直观,再好不过了。

有效伴读看得见

大米、鸡蛋、萝卜、青菜都是生活中常见的食材。和宝宝一起用这些食材制作一些简单的食物,让宝宝在快乐的实践中,锻炼动手能力,真正爱上吃饭、享受美味。

每种食物都是魔法师。编出新的食物魔法故事,特别是遇到宝宝不爱吃的食物时,一起说一说它能变成什么,由此打开宝宝的想象,改变挑食习惯。

从这套书中能够延伸出多种手工创作作品,比如,用超轻黏土捏出胡萝卜、青萝卜、青菜、白米饭;用彩纸撕出或者裁出不同形状的色块,完成一幅各种食物的拼贴画。

伴读小贴士

吃喝拉撒是0~3岁宝宝生活中的大事,尤其在吃饭这件事情上,父母会表现出更多的关注。如果宝宝不好好吃饭,父母首先要放下焦虑和急躁的情绪,从故事里学习巧妙的引导方法,帮助宝宝养成科学、健康的饮食习惯。

09 我不挑食,食物香喷喷
——均衡营养吃饭香

1. 亲子共读以饮食为主题的绘本。宝宝能从书中找到共鸣、与食物对话,父母也会因此懂得反思,及时修正不恰当的做法,潜移默化地培养宝宝健康的饮食习惯。

2. 给宝宝讲读有关吃饭的故事,多用轻松愉悦的语调,少用强硬的语气和说教的语言。在爱的氛围中反复阅读,让故事中的小朋友告诉宝宝在吃饭时"不挑食、不耍赖"。

3. 春种秋收的时节,带宝宝体验种植或者采摘蔬菜的过程。这不仅能让宝宝亲近大自然,还能真实地感受农耕和收获的乐趣,并认识蔬菜的品种,从而熟悉和喜爱蔬菜的味道。

扫码开启绘本育儿

绘本来帮忙

0~3岁养育与伴读指南

10 会用马桶,妈妈不烦恼
—— 养成如厕好习惯

绘本来帮忙
0~3岁养育与
伴读指南

作为妈妈
我觉得纸尿裤是最伟大的发明

它让宝宝安睡
妈妈也能偷个懒

它和妈妈一起见证了
宝宝迈出的第一步

但是……

你快回来!
我一人
承受不来

再见

离开纸尿裤的日子
特别难熬

玩起来
就忘尿尿

拒绝使用
小马桶

老母亲终于知道
什么叫
一把屎一把尿
把你养大了……

那还能怎么办啊?
继续使用纸尿裤?
啥时候是个头啊?

10　会用马桶，妈妈不烦恼
——养成如厕好习惯

宝宝不会用马桶，听听林丹怎么说

对于 0～3 岁的宝宝来说，习惯了纸尿裤，就不习惯用小马桶上厕所，所以很容易出现憋尿、蹲坐在小马桶上不排便等情况，离开了小马桶，就出现尿裤子、尿床等现象。让宝宝顺利学会使用小马桶进行排便，是 3 岁前宝宝卫生习惯培养的重要事项，父母该怎么引导呢？

首先我们要明白，宝宝从使用纸尿裤，到控制自己的大小便，是一个循序渐进的成长过程，父母要有足够的耐心去等待和引导。先尝试让宝宝白天去掉纸尿裤，经过一段时间的适应和练习，再在晚上去掉纸尿裤。不过，要特别注意的是，如果宝宝尿裤子，千万不要大声呵斥他，而是把小马桶放在容易找到的地方，鼓励宝宝用小马桶上厕所。

此外，亲子共读以如厕为主题的绘本，可以让宝宝接触和了解这些书中小朋友上厕所的方式，渐渐打消排便时的紧张心理，习得用小马桶、大马桶上厕所的能力。就像《我的小马桶》《一起拉㞎㞎》《尿尿大冒险》《我要拉㞎㞎》《妈妈，你看！》等，这些绘本能正面引导宝宝如何上厕所,让宝宝知道尿裤子也是正常的,随着自己慢慢长大、不断练习,就能独立上厕所。在学习如厕技能的过程中,宝宝会感受到上厕所不仅不可怕,反而很愉快、很有成就感。

高效陪伴,亲子共读

学会使用小马桶,掌握如厕小技能

《我的小马桶》

[日]新井洋行 著绘

周龙梅 译

长江少年儿童出版社

欢迎走进故事世界

可爱的小马桶来了。咔嗒,小鸭子形状的坐便器也来了。咔吧,放在大马桶上。小朋友坐上了小马桶,高高兴兴地上厕所啦。拉便便,拉出来了。冲水了,哗啦啦,便便冲走了。

10 会用马桶,妈妈不烦恼
——养成如厕好习惯

幸福伴读三步走

故事中出现了多个拟声词,用可爱的语调读出来,然后重新组织语言,补充解释小马桶的使用方法。

讲到使用小马桶的情节时,轻轻地打开小马桶的盖子,用手按一下冲马桶的按钮,让讲读更加生动形象。

握住宝宝的小手一起翻页,把立体的小马桶全景图展示给宝宝,引导宝宝观察和认识小马桶的外形特征。

有效伴读看得见

宝宝从1岁多开始有憋尿意识,但并不能独立完成如厕。这时父母可以有意识地对宝宝进行如厕训练,同时要有足够的耐心慢慢引导。

宝宝很愿意模仿别人,对比这本书中的小马桶与真实的小马桶,鼓励宝宝根据图画中的情景,大胆尝试自己用小马桶上厕所。

挑选、购买小马桶时,允许宝宝选择自己喜欢的样式。这样买来的小马桶会像陪伴宝宝成长的亲密伙伴一样,亲切、熟悉。

消除宝宝初次使用小马桶的紧张心理

《一起拉屁屁》
［日］福田岩绪　文/图
晓晗　译
连环画出版社

欢迎走进故事世界

小一讨厌拉屁屁，也不喜欢坐在小马桶上。这时，小狐狸来借用小马桶，它舒舒服服地坐在小马桶上拉屁屁。接着，小猪、小熊都来了。小一本来不想用小马桶，但是看到大家都这么做，于是他也坐在了小马桶上拉屁屁。

幸福伴读三步走

观察人物表情，揣摩情绪，用相应的语调和语气说出对应的话语。比如，小狐狸捂着肚子着急上厕所，讲读时语速可以稍快些。

小一看到小熊坐在马桶上，他也要拉屁屁，于是就先把裤子脱掉了。讲读时可以根据画面内容给宝宝说说上厕所前后要做的事情，如脱掉裤子、洗手等。

共读这个游戏化、生活化、有示范意义的故事时,讲述方式不妨多样化,或者轻松活泼地读出文字,或者根据图画增加文字,或者与宝宝互动讨论。

有效伴读看得见

这本书是开心宝宝亲子游戏绘本系列的其中一本,全套书共有12本,每本书的语言简单生动,画面可爱有趣,父母可以把全部故事讲给宝宝听。

夏季,宝宝穿的衣服比较少而且薄,便于穿脱。如果在此时引导宝宝用小马桶独立上厕所,宝宝能更轻松地穿脱衣物,更容易地掌握如厕技巧。

像故事中那样,找出宝宝喜欢的毛绒玩偶或其他玩具,假装让它们依次在小马桶上上厕所,在角色扮演游戏中培养宝宝独立如厕的能力。

一次尿尿大冒险,告诉宝宝想上厕所怎么办

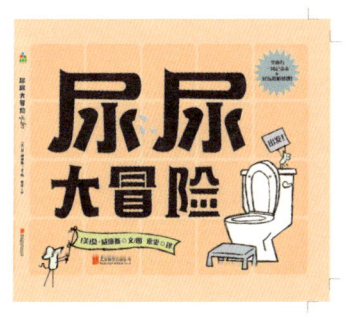

《尿尿大冒险》
[美] 莫·威廉斯 文/图
索霏 译
北京联合出版公司

欢迎走进故事世界

如果你觉得哪里有什么不对劲,不要慌,不要忙,也不要理它。告诉自己,我已经长大了。不用太久,只要打开马桶盖,脱下小裤裤,男孩子要站着,女孩子要坐着,别忘了用卫生纸哦。

幸福伴读三步走

每幅图画中都有可爱的小老鼠,它们的言行推动故事情节向前发展。和宝宝一起跟着小老鼠来一场"尿尿大冒险"。

为宝宝讲述整个故事,把想上厕所到上完厕所的全部过程呈现出来,让宝宝对上厕所这件事情有一个完整、清晰的认识。

引导宝宝观察书中人物的表情和动作,想尿尿时的惊慌和着急,鼓起勇气后的开心和忐忑,上厕所后的骄傲和满足……使宝宝与人物产生共鸣。

有效伴读看得见

讲读结束后,亲子共同回忆故事内容,鼓励宝宝说说上厕所的顺序,或者实际操作一遍,把故事和生活相结合。

提醒宝宝上厕所时的性别差异,男宝宝要先打开马桶盖,站着尿尿;女宝宝坐着尿,用卫生纸擦屁屁。但是都要穿脱小裤裤、冲水和洗手。

故事里出现的小老鼠非常有趣。可以和宝宝玩"寻找小老鼠"

的游戏,比如,请找到乘飞机的小老鼠、扯着卫生纸的小老鼠、拿着一束花的小老鼠等。

动物宝宝们示范如何拉屁屁

《我要拉屁屁》
[日] 佐佐木洋子 编绘
二十一世纪出版社

欢迎走进故事世界

小河马、小猪还有小老鼠,三个小伙伴正在玩"嘟嘟叭叭"的游戏。突然小河马要拉屁屁,几个小伙伴一起冲向厕所。从小到大,小老鼠、小猪还有小河马,按照顺序,独自完成了拉屁屁。洗完手继续玩"嘟嘟叭叭"的游戏,可是短裤却落在厕所,被小鳄鱼扔进了失物招领处。

幸福伴读三步走

故事中出现了三种动物:小河马、小猪、小老鼠。可以用不同声音来表现这三种动物:小河马的声音憨憨的,小猪的声音吭哧吭哧的，小老鼠的声音尖尖细细的。

这本书的设计采用了翻翻书的形式，讲读到敲厕所门时，我们可以模仿敲的动作，在书上假装咚咚咚敲门，也可以鼓励宝宝敲一敲；冲厕所时，可以假装闻闻屁屁臭不臭，然后说好臭呀，鼓励宝宝也闻一闻，看看他会有什么反应。

容易忽略的小细节：动物们还没上厕所时，水龙头是不滴水的；动物们在拉屁屁时，水龙头开始滴水了；动物们洗完手之后，小鸟站在洗手池旁看水龙头，原来水龙头还在滴水。可以引导宝宝想一想，这是为什么呢？

有效伴读看得见

"咚咚咚"敲门啦。爸爸藏在卧室，关上门；妈妈鼓励宝宝去敲门，妈妈模仿敲门声，咚咚咚，增加趣味性。妈妈说"开门啦"，爸爸打开房门，亲吻宝宝或抱起宝宝。

开火车。父母抱着宝宝，模仿火车的声音，也可以模仿故事中"嘟嘟叭叭"的声音，说："开动啦！我们要去厨房，我们要去客厅，我们要去卧室。"

"哗啦啦"洗手啦。带宝宝到卫生间，打开水龙头，一起洗手。或者和宝宝一起假装洗手，边洗边说唱儿歌："搓搓搓，搓手心；搓搓搓，搓手背。换只手，再搓搓。冲冲冲，冲冲手；冲冲冲，冲干净。"

掌握如厕技巧,收获成长自信

《妈妈,你看!》
[日] 圆七美 文
[日] 宫西达也 图
晓晗 译
二十一世纪出版社

欢迎走进故事世界

小男孩对妈妈说:"妈妈,我自己会了!"妈妈摸摸小男孩的头问:"咦——自己会什么呀?"小男孩开始表演,他学会了自己脱裤子、裤衩、用马桶……这些看似平常普通的举动对孩子来说意味着极大的进步和成长。故事的结尾,小男孩用充满自豪和骄傲的语气说:"妈妈,明天,明天……你还要看我!"

幸福伴读三步走

这本书充满了设计感,故事其实从腰封处就已经开始了,光屁股的小男孩正在奔跑。讲读时可以问问宝宝:"小男孩跑这么快是去做什么呢?"通过提问的方式,自然而然地把宝宝带入到故事情境中。

这本书的核心内容就是书名"妈妈,你看!"在读这一句的时候,可以通过语音语调的处理,表现出故事中小男孩喜悦自豪的心情,以帮助宝宝更好地体会这种成就感。

上文下图的排版方式,旨在让宝宝关注图画本身。同时,先单列每个步骤,最后揭晓答案的陈述方式也很容易引起宝宝的阅读兴趣。因此,可以尝试采用一问一答的方式,和宝宝一起完成绘本的阅读。

有效伴读看得见

准备好娃娃、娃娃的裤子、洗脸盆、纸巾,让宝宝模仿绘本中的小男孩,帮助娃娃完成整个如厕过程。

引导宝宝独立完成一些简单的小事,比如扔垃圾、帮忙折叠衣服之类。当宝宝完成之后,要给予他真心的赞美,让宝宝体会到自己完成一件事的成就感,并逐渐建立自信。

伴读小贴士

独立如厕是0~3岁宝宝养成良好卫生习惯的重要内容。讲读以如厕为主题的绘本,能够帮助宝宝掌握上厕所的技能,知道上厕所是一件愉快的事情。在这个过程中,父母还要注意以下几点:

1. 坚持正向引导宝宝如厕。宝宝尿裤子时,切忌大声呵斥，以免他对排便、上厕所产生压力和紧张心理。

2．宝宝坐在小马桶上，可以给他讲故事里的情节。宝宝即使没有成功，也依然有积极的情绪和自主排便的信心。

3．积极的如厕体验对培养宝宝独立如厕能力十分重要，宝宝或早或晚都能学会自己上厕所，任何焦虑、烦恼的情绪都只会适得其反。

扫码开启绘本育儿

绘本来帮忙

0~3岁养育与伴读指南

11 保护牙齿,牙虫无处逃
——爱上刷牙烦恼消

绘本来帮忙
0~3岁养育与伴读指南

对妈妈来说,孩子每一个"第一"都尤为珍贵
看到他长出了第一颗亮晶晶的小白牙,心都化了

老母亲决定一定要好好守护它!

但是,这小爷并不领情啊……

各种牙刷齐上阵
最后连漱口都不愿意
好挫败啊
好无助啊
……
所以找上门的是
龋齿君……

大名鼎鼎
令人闻风
丧胆的
龋齿君

现在的牙齿是……

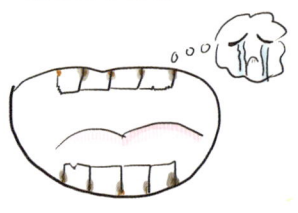

老母亲可活不了了

跪求方法,救命!

宝宝不肯刷牙,听听林丹怎么说

提起刷牙这件事情,几乎是每个家庭上演的重头戏。如果宝宝不肯拿起小牙刷刷牙,也不肯让父母帮忙,甚至每次都像打仗一样,亲子双方都会筋疲力尽,最终宝宝还不一定刷了牙。不得不说,让宝宝爱上刷牙,的确需要足够的耐心、巧妙的引导和长时间的坚持。

宝宝不爱刷牙,我们要先找出原因,再有针对性地采取措施,这样才能有的放矢。

牙刷的刷毛太硬,宝宝放在嘴里不舒服?选择适合宝宝年龄的牙刷很重要,如果是宝宝觉得有趣、特别喜欢的牙刷,就更能让他对刷牙产生兴趣。

曾经不好的刷牙体验,会让宝宝对刷牙产生恐惧心理。父母第一次给宝宝刷牙时,动作尽可能慢一些、轻一些;刷牙时唱唱相关的儿歌,玩个游戏,比如亲子刷牙比赛,能够消除或至少减轻宝宝的紧张情绪。

宝宝对刷牙的重要性认识还不够,所以不想刷牙。宝宝还小时,父母就要帮助他养成良好的漱口习惯,一岁以后开始用牙刷刷牙,一天两次,早晚刷牙,让宝宝明白牙齿要刷,并且要每天刷。

不管是哪种原因,父母都不必太过紧张,以免宝宝对刷牙产生抵触心理,尤其不要在宝宝刷牙不按时、方式不正确时大发脾气。既然刷牙、洗脸和吃饭一样,都是每天要做的事情,我们不妨慢慢引导、积极肯定、及时夸赞、耐心等待。同时,可以亲子共读以刷牙为主题的绘本,如《刷牙先生,来了》《出发,刷牙小火车》《鳄鱼怕怕 牙医怕怕》《牙齿宝宝爱洗澡》《一起刷刷牙》等,让宝宝重视刷牙,养成每天刷牙的好习惯。

高效陪伴,亲子共读

牙齿坏掉真可怕,拿起牙刷刷刷刷

《刷牙先生,来了》
[日] 濑名惠子 文/图
黄惠绮 译
北京联合出版公司

11 保护牙齿,牙虫无处逃
——爱上刷牙烦恼消

欢迎走进故事世界

每天早上太阳出来的时候,刷牙先生就会鼓励大家刷牙。狮子、兔子、小老鼠、大象、小熊,大家都拿起牙刷,刷、刷、刷。只有鳄鱼不刷牙,所以牙齿坏掉了,疼得直哭!补好牙齿,鳄鱼也开始刷牙了……

幸福伴读三步走

"来,请用牙刷,刷!刷!刷!"这句话在这本书中反复出现,加重语气读出来,让宝宝对刷牙这件事情印象深刻。

读到刷牙的情节时,做出上下、左右刷牙的动作,并邀请宝宝跟着一起做。既增加了与宝宝的互动,又示范了刷牙的正确方式。

图画中呈现了动物们惟妙惟肖的表情,和宝宝仔细观察图画,体会大家对刷牙这件事情的态度,特别是鳄鱼在刷牙前后的变化。

有效伴读看得见

让宝宝挑选自己喜爱的牙刷和牙杯,每天早晚与父母一起刷牙,形成全家人爱护牙齿的氛围,逐渐培养良好的刷牙习惯及卫生习惯。

玩"刷牙"游戏。找一个或几个宝宝格外喜欢的玩具做刷牙小伙伴,准备牙刷或把手指当作牙刷,给它们刷刷牙。

这本书用剪纸拼贴画的方式创作了这个故事。和宝宝一起从家中废旧杂志上剪出人物或者动物形象,贴在白纸上,再画上小牙刷,创作出丰富多彩的刷牙小故事。

任务变游戏,爱上刷牙很容易

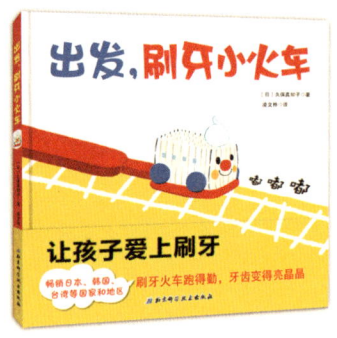

《出发,刷牙小火车》
[日] 久保真知子 著
凌文桦 译
北京科学技术出版社

欢迎走进故事世界

小拓不喜欢刷牙。有一天,刷牙小火车来了,它带领小拓开启了一场有趣的刷牙之旅。小火车先开到小拓的嘴里,接着打开脸颊上的照明灯,嘟嘟嘟——小火车出发了……

幸福伴读三步走

头顶牙膏的牙刷是可爱的小火车,牙齿是车站。嘟嘟嘟——小火车出发了,刷刷刷——刷刷牙,用夸张的语气读出拟声词,增加阅读乐趣。

讲到小拓把嘴巴张开的部分时,让宝宝也"啊——"地张开嘴巴，与宝宝互动刷刷牙。左刷刷、右刷刷，刷出牙缝里的食物残渣，牙齿变得亮晶晶。

讲读故事之前，可以先将封面和封底展开呈现在宝宝面前。通过画面，可以看到全家人的牙刷小火车。故事不妨从这里讲起："看，全家人的牙刷小火车出动了，跑在最前面的那列小火车是谁的牙刷呢？"

有效伴读看得见

这本书中提到了宝宝刷牙时的注意事项，父母可以借鉴学习，活学活用，培养宝宝良好的刷牙习惯。

把故事里别具匠心的刷牙游戏变成现实，用牙线或牙刷清理牙齿时，嘟嘟嘟——开动牙线或牙刷小火车，增加刷牙的趣味性。

有机会可以带宝宝去牙科诊所参观，让宝宝多了解一些关于保护牙齿的事宜，提高宝宝对刷牙的重视程度。

害怕补牙？那就不要忘记刷牙哦

《鳄鱼怕怕 牙医怕怕》
[日] 五味太郎 文/图
上谊编辑部 译
明天出版社

欢迎走进故事世界

鳄鱼捂着大嘴来看牙医,只听它自言自语:"我真的不想看到他……但是我非看不可。"牙医其实也很害怕,竟然说了同样的话。鳄鱼和牙医谁更害怕?牙医到底有没有给鳄鱼看牙呢?

幸福伴读三步走

作者用看牙医的故事,表现了鳄鱼丰富的情绪变化,从害怕到恐惧,从痛苦、忍耐到补牙后的轻松。讲述时改变语音语调,呈现出这种变化。

除了中文外,这本书还加入了英文,浅显易懂的主题、生动有趣的情节更能帮助宝宝理解其中的含义,父母不妨试着用双语讲述故事。

尝试用对话的方式共读故事,语言经过改编也无妨。结尾时体会鳄鱼的话,"我明年真的不想再看到他……所以我一定不要忘记刷牙。"

有效伴读看得见

故事完整展现了看牙医必经的步骤,比如,牙医准备补牙器具,宝宝坐上补牙的椅子,医生逐步治疗蛀牙。让宝宝了解看牙医过程,消除内心的恐惧。

引导宝宝回顾鳄鱼看牙医的全部过程,感受鳄鱼最后的思考,把害怕看牙医的心理转变为"我要好好刷牙"的动力。切勿强行说教。

和宝宝一起去超市,让宝宝选择自己喜欢的牙刷和牙膏,增强参与感与决策感。

牙齿就像小宝宝,常看牙医勤洗澡

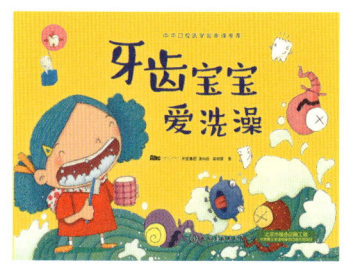

《牙齿宝宝爱洗澡》
Abc 牙医集团 谢尚廷 吴妮蓉 著
化学工业出版社

欢迎走进故事世界

每个人都会长出牙齿,原来看似简单的牙齿也有着明确的分工。牙齿是怎么工作的?我们该怎么保护牙齿?一起翻开书来看一看吧。

幸福伴读三步走

讲读前,引导宝宝观察绘本封面,问问他对自己的牙齿有哪些认识,保护自己的牙齿需要注意哪些问题。通过简单的问答,吸引宝宝的注意力,为接下来的亲子共读做准备。

讲读过程中,会出现一些对于宝宝来说比较生僻的词,父母可以用举例的方法帮助宝宝理解。比如,可以对照这本书中的图画,让宝宝观察父母的牙齿,或者拿镜子照着自己的牙来观察,增强参与感和互动性。

除此之外,还可以和宝宝一起讨论。譬如,在讲读"如何给牙齿宝宝洗澡"时,问宝宝有哪些工具可以帮助我们清洁牙齿,激发宝宝的思考与想象,加深对故事的理解。

有效伴读看得见

问题互动。问问宝宝我们的嘴巴里面有什么,牙齿有哪些形状。引导宝宝回忆故事内容,加深理解与认知。宝宝如果回答正确,要及时给予积极肯定的反馈,让他获得成就感。

经验链接。日常生活中,如果需要带宝宝去看牙医,可以先和他一起读一读这本书,提前了解看牙医的过程,从而更好地配合医生,学会爱护自己的牙齿。

好好刷牙,预防蛀牙

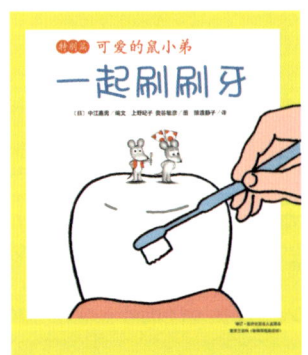

《一起刷刷牙》
[日] 中江嘉男 编文
[日] 上野纪子,奥谷敏彦 图
[日] 猿渡静子 译
南海出版公司

11 保护牙齿,牙虫无处逃
——爱上刷牙烦恼消

欢迎走进故事世界

鼠小妹正在荡秋千。一只老猫冲过来,把鼠小妹从秋千上赶走,自己荡了起来。鼠小弟看不过去了,爬到秋千的横梁上,几下就把秋千绳啃断了。你想知道鼠小弟的牙齿为什么这么厉害吗?

幸福伴读三步走

在介绍蛀牙,尤其是蛀牙怎么形成的时候,语气不妨夸张一些,让宝宝更深刻地体会刷牙的必要性。

找来牙刷和方形积木,按照这本书中的描述,一边读,一边实际操作,帮助宝宝掌握正确的刷牙方法。

讲完故事后,和宝宝一起回顾这本书的内容,看看宝宝是不是记住了鼠小弟的"预防蛀牙的 5 个秘诀"。

有效伴读看得见

将两颗鸡蛋分别放在装有凉水和可乐的碗里,浸泡 1~2 小时,拿出鸡蛋并让宝宝用涂有牙膏的废弃牙刷刷掉鸡蛋上面的可乐渍。宝宝会发现,很难把可乐渍刷掉。借此机会和宝宝解释可乐对牙齿的危害。

和宝宝一起到卫生间,看看全家人的牙刷,结合书中所讲,找一找谁的牙刷需要更换了。

和宝宝一起唱一首有关刷牙的儿歌,让他喜欢刷牙,培养良好的卫生习惯。

伴读小贴士

0~3岁是宝宝培养生活习惯的初期,也是关键时期,如果父母能花些时间和精力,帮助宝宝养成良好的口腔卫生习惯,宝宝3岁后基本就能坚持每天刷牙了。在这个阶段,我们应该做些什么呢?

1. 给宝宝讲读以刷牙为主题的绘本。虽然有引导的目的,但切忌把读书变成说教,宝宝爱听更重要,好玩的故事、有趣的游戏都会对他产生积极的影响。

2. 一旦宝宝对刷牙产生抵触情绪,父母尽量不要用逼迫和强制的做法,相反,游戏、比赛、奖励等方法更为可取。

3. 言传身教。父母坚持每天和宝宝一起早晚刷牙,用实际行动告诉宝宝,刷牙是他日常生活的一部分。

扫码开启绘本育儿

12 自主穿衣,迈出独立第一步
——生活自理不用帮

绘本来帮忙
0~3岁养育与
伴读指南

宝宝不会穿衣,听听林丹怎么说

养育 0~3 岁的宝宝,父母往往更关心吃饭、睡眠问题,对于自主穿衣方面却不太重视。也有不少父母认为,宝宝大了自然就会穿脱衣服了。但事实上,有的宝宝在入园后仍然不能独立穿脱衣服,甚至有些即将进入小学的孩子,晨起时还要父母帮忙穿衣服。

根据儿童身心发展规律,1 岁的宝宝能配合父母穿衣;2 岁的宝宝能捏住细小物品,尝试学习扣扣子、拉拉链;到 3 岁时完全可以完成自主穿衣。很显然,在穿衣服这件看似很小的事情上,父母需要参考宝宝各个发展阶段的规律,抓住恰当时机,培养他独立穿脱衣服的生活能力。比如,当发现宝宝有模仿父母穿衣服的行为时,我们就可以顺应他的兴趣,玩穿脱衣服的小游戏,引导宝宝学着自己去做这件事情。

有时候,宝宝还会出现挑选衣服或执意穿某一件衣服的行为,父母不必紧张,也无须和他争执。每次出门前,预留足够的挑选衣服时间,在避免穿得过厚、过薄或者极其不适宜等情况下,尽可能尊重宝宝的穿衣喜好和品味,并鼓励宝宝自己穿衣服,逐步培养他的生活自理能力,提升他做事情的自信心和积极性。

帮助宝宝养成自主穿衣的好习惯,我们还要进行有趣的亲子共读。比如,《小手手,出来了》《衣服衣服捉迷藏》《呀,内裤穿反了》《阿立会穿裤子了》《光溜溜穿衣服》等。这些绘本中有小朋友或小动物穿衣服的故事,不仅为宝宝学着穿衣服起到了示范作用,还能让宝宝产生共情,自然而然地习得独立穿脱衣服的技能,并辅助发展其他生活能力。

高效陪伴,亲子共读

小手小脚快出来,宝宝穿衣真好玩

《小手手,出来了》
[日] 林明子 文/图
小林 小熊 译
少年儿童出版社

欢迎走进故事世界

小宝宝洗完澡,自己穿衣真是好。哎呀,哎呀,什么都看不见,小手手在哪儿呢?啪!小手手出来了。小脚丫在哪呢?砰!出来了,另一只小脚丫也出来了。大伙儿都出来了,小手手和小脑袋,小脸蛋和小脚丫都在这儿呢。

幸福伴读三步走

让宝宝先和封面上顶着一块红布的小宝宝打个招呼吧,猜猜这个小宝宝在干吗,带着猜测进入故事正文。

讲读时,每次翻页前都可以稍作停留,给宝宝留出时间观察画面、感受故事,带着思考进入后面的情节,等翻到下一页时再与宝宝展开互动。

随着情节的推进,小手手、小脑袋、小脸蛋、小脚丫都出来了。可以轻轻摸摸宝宝对应的身体部位,与宝宝互动,带他认识这些身体部位。

有效伴读看得见

洗澡后、起床时,或者专门找一件衣服,玩穿衣游戏,把这本书的内容转变成熟悉的生活场景,让宝宝建立穿衣意识,了解身体部位。

找出宝宝更小时候的衣服,引导宝宝把它们穿在玩偶身上。通过给玩偶穿脱衣服,锻炼宝宝手部肌肉,发展动手能力,了解穿脱衣服的要领。

通讨故事,宝宝了解了自己身体的主要部位。和宝宝玩游戏,让他说出或指出自己的鼻子、眼睛、小手、小脚、肚子、腿等在哪里。

挖孔设计很独特,衣服认知真有趣

《衣服衣服捉迷藏》
[日] 石川浩二 文/图
蒲蒲兰 译
二十一世纪出版社

欢迎走进故事世界

这是什么呢?穿在脚上,有两个,还一模一样!哦,原来是袜子,套在脚上就穿好了。一个裤腿又一个裤腿,慢慢穿吧,是裤子。小宝宝穿衣服,T恤、连衣裙、裤子、袜子,从头到脚都学会。

幸福伴读三步走

这是一本关于衣服的挖孔认知书,通过猜谜的方式展开游戏互动。"这是什么衣服呢?"每次翻页都引发宝宝思考,然后到下一页图画中寻找答案。

看着图画猜测时,引导宝宝观察颜色和图案,根据线索进行推测,或者父母演示穿脱这件衣服的动作,帮助宝宝猜测。如果宝宝猜出来了,就予以称赞和鼓励。

讲读时,可以把宝宝代入故事中,问问宝宝最喜欢穿哪件衣服，是蓝色的裤子，还是黄色的 T 恤，把身体部位与对应的衣服联系起来。

有效伴读看得见

找来一些宝宝的日常衣物，和宝宝一起说出衣服的颜色和名称。

和宝宝一起玩猜谜游戏。父母用语言描述宝宝熟悉的衣物，宝宝猜猜是什么。如果宝宝感兴趣，也可以互换角色，宝宝描述，父母猜。

宝宝到了一岁半后，就开始模仿父母穿衣服了。引导宝宝学着这本书中的动作穿衣戴帽，背上小书包，把故事中的认知延伸应用到生活中，培养穿衣的技能。

宝宝反穿衣，爸妈莫着急

《呀，内裤穿反了》
[日] 岸田今日子　文
[日] 佐野洋子　图
[日] 猿渡静子　译
连环画出版社

欢迎走进故事世界

小猪学穿小内裤,先把小内裤套在一条腿上,再套到另外一条腿上,往上一拉,站起来提一提,好不容易穿上了。啊!小内裤竟然穿反了……

幸福伴读三步走

这是一个可爱小猪学穿内裤的有趣故事,用轻松活泼的语气讲读,让宝宝在愉悦的阅读中,跟着小猪学习穿内裤的方法。

把小猪穿内裤的详细步骤加重语气读出来,让宝宝对穿内裤的具体方法留有深刻印象。

与宝宝一同观察这只萌态十足的小猪。身体圆圆胖胖,向上拉内裤时使劲用力,穿上内裤后表情还有些骄傲。让这只小猪成为宝宝的朋友吧。

有效伴读看得见

这本书中用粉色蜡笔画出了粉嘟嘟、圆滚滚的小猪,讲完故事,让宝宝用蜡笔在画纸上涂鸦吧。

找出宝宝的小内裤,一起观察和识别内裤的正反面,然后举一反三,了解辨别裤子、上衣正反面的方法。

宝宝起初学穿衣服时,难免把上衣、裤子、鞋子穿反。父母不必急于让宝宝脱下衣服,而应引导他仔细观察和感受,慢慢掌握穿衣的正确方法。

12　自主穿衣，迈出独立第一步
——生活自理不用帮

学穿裤子多尝试，独立穿衣了不起

《阿立会穿裤子了》
［日］神泽利子　文
［日］西卷茅子　图
米雅　译
明天出版社

欢迎走进故事世界

阿立不会穿裤子，单脚站立一穿就摔倒。阿立不穿裤子跑出去玩，被动物们笑话光屁股、没尾巴。这时他看到一只白鹭鸶能单脚站立，于是开始学习单脚站，结果摔倒沾了一屁股泥巴。回家后，妈妈帮阿立冲洗干净，让他穿内裤，他躺着穿就穿上了。就这样，阿立会穿裤子了。

幸福伴读三步走

用浅显易懂的语言，把小男孩阿立从不会穿裤子、光着屁股跑出去、学着单脚站立，到躺着穿裤子的过程，亲切、连贯地讲述出来。

这本书中出现了很多好玩的场景,和宝宝一同观察画面,走近阿立。比如,阿立光着屁股出门被动物们笑话,阿立带着脏脏的屁股就跑回家等情节。

讲读时多进行互动,比如,阿立不会穿裤子,他会怎么做呢?但这样的问题并不要求宝宝必须给出答案,而是为了引出接下来发生的事情。

有效伴读看得见

故事讲完后,拿出一条裤子,让宝宝学阿立站着和躺着穿,逐步掌握两种穿裤子的方法。

对宝宝来说,学会穿脱衣物是他自理能力发展的阶段性表现,也是其成长轨迹中的一件大事,应及时给予肯定,帮助宝宝建立自信。

在"阿立会穿裤子了"这个普通事件的叙述中,作者加入了低幼宝宝也能读懂的幽默。和宝宝一起笑,鼓励宝宝用自己的语言讲述阿立的故事。

服装搭配,让宝宝爱上穿衣打扮

《光溜溜穿衣服》
[美]莫·威廉斯 著
尧瑶 译
北京联合出版公司

12 自主穿衣,迈出独立第一步
——生活自理不用帮

欢迎走进故事世界

光溜溜们都不穿衣服,但是威尔伯除外,他喜欢穿衣打扮。其他的光溜溜都觉得很奇怪,并且对他指指点点,还到光溜溜爷爷那里告状,结果光溜溜爷爷竟然穿上了衣服。从此,光溜溜们就接受穿衣服这件事情了。

幸福伴读三步走

光溜溜这个名字和粉红色的形象,是非常搞笑的,宝宝自然而然会想要读下去。讲读前,我们可以和宝宝讨论一下光溜溜是什么样的。

这本书中有一个提示牌,可以和宝宝一起朗读。因为提示牌的内容和正常的规则是相反的,所以很容易激发宝宝的好奇心。讲读时,可以用不同的声调展现光溜溜们的情感——"无法忍受""简直反胃",引导宝宝观察光溜溜气定神闲的表情。

讲读完后,引导宝宝想一想,如果你是光溜溜,你会穿衣服吗?还可以让宝宝想一想,如果生活中有像威尔伯一样的光溜溜,你会怎么看待他呢?

有效伴读看得见

宝宝和父母轮流说出自己三个与众不同的特点,一个人说完后,另外两个人对这些特点进行评价,表示同意或者不同意。

父母在白纸上画出一只光溜溜，引导宝宝发挥想象力，用画笔为光溜溜画上独一无二的衣服。

鼓励宝宝自己选择第二天要穿的衣服，并对选好的衣服进行搭配。父母可以让宝宝试穿不同的服装进行搭配，选出他自己喜欢的穿衣风格。

伴读小贴士

学会自主穿衣、吃饭等生活技能，对宝宝入园后增强自信心有很大帮助。通过亲子共读相关主题的绘本，宝宝能够更轻松愉快地掌握这些技能。

1. 了解宝宝不同年龄段的发展特点，当宝宝对穿衣服产生兴趣时，父母应及时引入相关主题的绘本，在家庭中营造阅读氛围，并将这些书中的方法运用到生活中。

2. 亲子共读贵在享受阅读的乐趣，宝宝凭着天生的好奇心，会主动发现、练习新技能。这时贵在不说教，在尊重宝宝意愿的基础上给予适当的帮助。

3. 让宝宝为自己喜爱的玩偶穿上衣服。这个方法很容易激发他自主穿脱衣服的兴趣，在游戏中掌握穿脱衣服甚至拉拉链、扣纽扣等本领。

扫码开启绘本育儿

附 录

附录 A 亲子阅读问题答疑（0~3 岁）

0~3 岁宝宝亲子阅读的目标主要在于激发其阅读兴趣，为阅读习惯的养成提供基础和保障。接下来，我们一起来看一下亲子阅读中最常遇见的问题。

关于 0~3 岁宝宝阅读环境的打造

问题一：为 0~3 岁宝宝打造阅读环境，需要做哪些准备？

需要做两方面内容的准备，一是"软件"环境，二是"硬件"环境。

首先，我们来说一下"软件"环境。最好在宝宝出生前，就为宝宝准备一对爱阅读的父母。我想这是可以送给新生宝宝最好的礼物了。我们都知道，0~3 岁阶段，宝宝学习的主要方式就是观察和模仿。因此，如果想让宝宝对书感兴趣，对阅读感兴趣，就应该让他经常看到父母读书的模样。哪怕仅仅是出于好奇，宝宝也会十分愿意把父母手中经常翻看的书拿过来看一看，思考一下这到底是一件什么东西，为什么父母会那么愿意把它拿在手中认真翻阅。反之，如果宝宝经常看到的景象是父母把手机拿在手里，那么他更感兴趣的东西也自然是手机了。

接下来，我们说一下"硬件"环境。如果想让宝宝爱上阅读，合适的绘本、专属的书架都是必不可少的。甚至我们也可以像为宝宝打造游戏角一样，打造一个阅读角。当然最好的方式是将游戏角和阅读角合二为一，让宝宝可以实现在游戏和阅读之间无缝切换，更好地体会"阅读是最好的游戏，绘本是最好的玩具"这一真谛。

问题二：为 0~3 岁宝宝选择书架时有哪些注意事项？

首先，书架应该具有较好的稳定性。我们都知道，0~3 岁的宝宝在行动上还不能十分自如，手扶和扑趴家具是很常见的现象。如果书架稳定性不够好，宝宝手扶和扑趴造成倾倒是十分危险的。因此，为了保障宝宝的安全，良好的稳定性是十分必要的。

其次，书架的高度应该适宜（1 米左右），便于宝宝自己拿取书籍。只有这样，宝宝才可以在想要阅读时自行取书。反之，如果必须要有父母的协助才能拿到自己心仪的书籍，那宝宝的阅读活动必然会受到限制。

最后，书架上摆放书籍的方式最好能够支持平铺和竖放两种方式。当平铺时，书籍的封面可以完整地展示出来，便于宝宝选择和拿取。对于宝宝最近常看的书，或者我们想要吸引宝宝去看的书，可以用这种方式摆放。而其他书籍则可以用竖放的方式摆放，以节省摆放空间。而定期和宝宝一起调换书籍摆放方式，也是培养阅读兴趣，引导宝宝参与阅读的一种好方式。

问题三：除了阅读角，家里还有哪些地方需要摆放宝宝阅读的书籍？

除了阅读角之外，宝宝经常停留的地方都可以放上几本适合其阅读的书籍。例如，床头、枕边、不同的起居室里，甚至出门遛弯时，宝宝乘坐的推车上都可以放一到两本他喜欢的书籍。书籍可以随时随地出现在宝宝的生活中，只要宝宝想读的时候，就可以随手拿起一本读，这将是再好不过的情况了。当然，这不是说要把书籍摆得到处都是，而是可以固定在几个区域中。当宝宝阅读完后，还应引导宝宝将书籍放回原处。这也是培养宝宝好的行为习惯的一部分。我们要传递给宝宝的关键信息是，读书是可以随时随地做的事情。

关于 0~3 岁宝宝阅读兴趣的激发

问题一：都说阅读越早越好，到底该从宝宝多大开始亲子阅读呢？

不知道大家是否听过最爱阅读的犹太人是如何引导宝宝阅读的。他们会在宝宝刚出生时就在书上抹上几滴蜂蜜，让宝宝舔食，从而将这种甜甜的感觉深深地写在宝宝最初的记忆里。而研究表明，当胎儿发育到 15 周时，听力就已经开始发展了。这就意味着此时胎儿已经可以听到外界的声音了，因此从这个阶段开始就可以跟胎儿进行亲子阅读了。而长期固定书籍的选择，阅读的内容是可以融入胎儿的记忆，并带出母体的。实验证明，当新生儿听到孕期熟悉的声音和内容时，会出现良好的情绪反应。

问题二：为什么广被推荐的获得过国际大奖的作品，我家宝宝却都不喜欢？

目前大家耳熟能详的大奖主要有美国的凯迪克奖、英国的格林纳威奖、国际安徒生奖等。这些奖项也是目前国际上影响较大、公信度较高的。其中凯迪克奖、格林纳威奖是评选给特定绘本的，其评选标准都十分注重作品本身的内涵及艺术价值，低幼类绘本基本上不会纳入其评选范围。这并不代表低幼类绘本缺乏内涵和艺术价值，但也不得不承认其在创作过程中的主要诉求不在这方面，而更多的是在于贴近幼儿生活，便于幼儿理解，以及更好的阅读创意和体验上。而国际安徒生奖则是给作者的个人成就奖，并不指向具体作品，获奖作者是否有面对低幼宝宝的作品供父母选择也是因人而异的。因此，单凭这些奖项作为选书标准显然是不适用的，宝宝不喜欢也是再自然不过的事情了。

问题三：为 0~3 岁宝宝选书时应该重点考虑哪些因素？

对于 0~3 岁的宝宝来说，阅读和游戏没有本质上的区别，阅读更多的是探索的过程。因此他们在读书时通常不会像我们一样可以老实地端坐着，一页一页地翻看，而是会通过咬一咬、撕一撕、扔一扔的方式对书进行探索，从而逐渐掌握"书"这个玩具怎么玩才更有意思。所以在选书时首先应该考虑其结实和卫生方面的因素，不易破损，且便于清理消毒。一般来说，布书、洗澡书、硬纸卡书是很好的选择。

其次应当考虑的因素就是丰富性，这里强调的并不是内容的丰富，而是感官上的丰富。根据皮亚杰的儿童发展理论，0~2岁的宝宝处于感知觉运动阶段，通过多感官的感受来进行事物认知。触觉、视觉、听觉、嗅觉等都是其运用的感官。因此一本书除了视觉之外，是否可以进一步提供听觉、触觉、嗅觉等方面的信息也会影响宝宝对书籍的喜好程度。所以，触摸书，带有响铃、响纸以及bb器这类发声装置，或者特殊气味的嗅觉书等也是不错的选择。

问题四：什么样的内容是0~3岁宝宝比较喜欢的？

0~3岁的宝宝正处于基本的认知世界、学习生活经验的阶段，此时帮宝宝选择内容就应该重点考量这两个方面。与宝宝的生活越贴近，他们会越喜欢。一方面他们可以从书中看到自己的影子，另一方面也可以通过阅读的内容来支持自己的现实生活。比如，正在认识自己周围事物的宝宝，见到书中自己熟悉的玩具、动物形象就会很喜欢；学习走路的宝宝，看到书中蹒跚学步的形象也会很喜欢；学习穿衣吃饭的宝宝，如果可以从故事中借鉴主人公的做法，也肯定会特别喜欢。

但在选择宝宝喜欢的内容时，还应考虑的一个因素，就是这些内容是否是用宝宝能够理解的方式表达出来的。比如，文字上是否具有韵律感，便于宝宝收听、记忆和理解；画面颜色是否鲜艳，便于吸引宝宝的注意力；整体构图是否简洁、重点突出，便于宝宝观察、识别并与文字进行匹配等。

关于 0~3 岁宝宝亲子阅读的实操演练

问题一：是不是应该每天坚持在固定的时间和地点给宝宝读书？

很多时候我们会觉得，每天固定时间、固定地点读书会更便于宝宝阅读习惯的培养。但 0~3 岁是宝宝发展的一个特殊阶段，与其强调每天的固定时间和地点，不如坚持每天都进行更有意义。因为在这个阶段，更主要的目标是激发宝宝的阅读兴趣，让书尽量频繁地出现在宝宝的生活中更为重要。所以，完全不必要拘泥于固定的时间是早上或者晚上，固定的地点是床上或者客厅。只要宝宝精神状态良好，时间允许，宝宝也愿意，那就不妨拿起一本合适的书来读给他听。

问题二：给宝宝读书，每次阅读多长时间比较适宜？

研究表明，1 岁宝宝的专注力一般可以维持 2 分钟左右，2 岁宝宝的专注力一般可以维持 7 分钟左右，3 岁宝宝专注力一般可以维持 10 分钟左右。因此，我们可以根据宝宝的具体年龄，参考以上的专注力时长来进行判断，决定每次亲子阅读的合适时长。但同时也提醒父母，不同的宝宝，其专注力发展也会略有差异，如果发现宝宝已经表现出了不耐烦或者反感的态度，那么也不要强求，不妨先暂停。请一定相信，长期坚持亲子阅读对于提升宝宝的专注力是十分有效的。随着宝宝专注力的提升，每次亲子阅读的时间也自然就变长了。

问题三：是不是最好由妈妈来给宝宝读书？

关于亲子阅读，我们一直提倡亲子阅读亲自做的原则，但并不一定拘泥于家中的某一特定人选。尽管很多人总是天然地认为亲子阅读就是妈妈的事情，但我们也看到越来越多的爸爸加入到了亲子阅读的行列。因此，亲子阅读不仅可以妈妈做，爸爸同样也可以做。如果爸爸和妈妈时间都不允许，那么负责照看宝宝的爷爷、奶奶、姥姥、姥爷甚至阿姨，都可以陪伴宝宝进行亲子阅读。

问题四：陪宝宝阅读时有哪些需要特别注意的事项？

0~3岁宝宝的亲子阅读，如果一定有特别需要强调的注意事项，那重点应该在0~1岁的宝宝上。因为1岁以上的宝宝在阅读过程中出现不适的情况时，基本已经可以自己调节或者表达自己的意见了。而对于1岁以内的宝宝来说，年龄越小，可能需要注意的事项越多。

0~6个月的宝宝，视觉还处于发展阶段，随着月龄的增加才能逐渐看清楚距离自己15~30厘米的物品。因此在亲子阅读时，书应该放在距离宝宝眼睛20厘米左右的地方，宝宝才可能看清楚。另外，因为宝宝还不能自如地转头，且视觉处于发展阶段，所以每次阅读时间不宜过长，而且阅读时应有意识地调换书的位置，以避免宝宝长时间看向一侧。

宝宝出生之初只能分辨黑白两色，到了3个月左右才可以分辨红、黄、蓝、绿等鲜艳颜色。因此，0~3个月的宝宝阅读时以黑白卡书为宜，颜色对比鲜明的棋盘格图案，变化规律的螺旋图案等会更受宝宝喜欢。而3个月以上的宝宝会更喜欢带有鲜艳的红、黄、蓝、绿等颜色的图案。

6~12个月大的宝宝，手部已经可以抓握，并且喜欢把抓到的物品放到嘴巴里探索。因此选择的书籍应该结实、耐用，且没有太小的零部件，以免宝宝因为误食和吞咽而造成意外伤害。

问题五：适合0~3岁宝宝阅读的书籍通常内容简单，图多字少，怎么讲才更吸引宝宝？

适合低幼宝宝阅读的书籍确实存在这样的问题，图多字少，让父母读起来措手不及。只是读字，很快就读完了；不读字照着图编故事，又不知道加多少内容，加哪些内容，编到什么程度合适。以下三个讲读原则可供大家参考。

第一个原则是"声情并茂"。哪怕只是读字，也记得要有感情地读。开心的场景下语气应该欢快，悲伤的场景下语气也要带有忧伤。同时表情应该与语气同步。因为所有这些外在的表达，都可以帮助宝宝理解书中的内容和情节。

第二个原则是"图文对应"。尽管在我们看来书中的内容都是十分简单的，但对于宝宝来说却可能是陌生、复杂的。因此，不管讲到哪里，都要用指示的方式帮宝宝做图文对应。例如，讲到小熊就要把画面中的小熊指给宝宝看，讲到小猫就要把画面中的小猫指出来。总之，要通过指示的方式让宝宝知道你在讲什么。这样宝宝才能不断积累认知，逐渐实现通过自己看图的形式来回顾书中的内容。

第三个原则是"逐渐叠加"。因为宝宝还小，不能一次处理多个维度的信息，所以，切忌一股脑将书中的所有内容都灌给宝宝，而应该从宝宝最感兴趣的部分入手，当宝宝对一个维度的内容熟悉了，再叠加新的内容。例如，《小金鱼逃走了》整本书都是在寻找小金鱼逃到哪里去了，那么在最初的几遍阅读里，我们不妨把精力放在"小金鱼在哪里"上，只要宝宝可以在画面中指出小金鱼的位置即可。而当宝宝已经可以熟练地找到小金鱼时，我们再叠加新的内容——呀，原来小金鱼逃到窗帘上了，原来小金鱼逃到花盆上了，原来小金鱼逃进糖果罐里了。此时，关于窗帘、花盆、糖果罐的信息也就自然而然地传递给宝宝了。

关于 0～3 岁宝宝亲子阅读中常见状况的答疑

问题一：我家宝宝不爱读书，见书就撕、见书就扔怎么办？

首先要强调一点，0～3 岁的宝宝如果出现撕书、扔书的现象，千万不要认为这是他们不喜欢书，不爱阅读的表现。恰恰相反，这是他们对书有兴趣，想探索和尝试的表现。如果宝宝之前并没有阅读的机会，就不清楚到底怎样对待书才是正确的，也就难免会把自己已经掌握的玩玩具的方式运用在书上。因此，父母需要做的不是就此懊恼地放弃，而是应该耐心地坐下来，为宝宝演示书籍的正确阅读及使用方法。久而久之，宝宝自然知道原来书是用来读的，读书的方式应该是从头到尾一页一页地翻看，就不会再用错误的方式对待书了。

有时宝宝可能会因为手部肌肉力度控制不好而撕书，这个时候千万不要指责宝宝，而是可以和宝宝一起对撕坏的书籍进行修复。随着宝宝年龄的增长以及精细动作的发展，翻书动作会熟练掌握，后面不仅不会再出现将书撕坏的现象，反而会对书更加亲近和爱护。

问题二：为什么一本那么简单的书，宝宝会让我讲上几十遍甚至上百遍？

对于0~3岁的宝宝来说，这样几十遍甚至上百遍地反复阅读同一本书是很正常的现象。尽管在我们的眼中，书中的内容十分简单，但宝宝要搞清楚这些角色、情节可不是一时半会儿就能做到的事情，而是需要在多次阅读中，不断认识、记忆、理解，最后才能构建出对整本书的概念。因此，反复阅读是宝宝理解一本书的必然过程。

同时，反复阅读熟悉的书籍可以帮助宝宝很好地缓解焦虑情绪。当宝宝出现焦虑情绪时，因为其表达情绪的方式相对有限，会倾向于找一本自己已经很熟悉的书籍让我们为其反复讲读。在讲读过程中，他十分清楚地知道下一页会看到什么样的画面，下一步故事情节会往哪个方向发展。这样一个不断猜测并得到确认的过程，可以有效帮助宝宝缓解焦虑情绪，并使其心态趋于平和。

如果以上原因都不适用于你的宝宝，那可能的原因就是你的故事讲得如此好听，以至于宝宝百听不厌。其实归结起来，反复阅读同一本书是符合宝宝阅读理解需求的，只要时间和精力允许，那么就不妨满足宝宝的需求。

值得注意的是，在 0～3 岁这个阶段，将一本书反复读熟、读透的价值要远高于蜻蜓点水式的海量阅读。因此在亲子阅读的过程中，千万不要重量轻质。

随着宝宝的逐渐长大和理解能力的增强，反复阅读的现象也会随之减少。所以，不用担心自己会长期困在这种反复读同一本书的情境里。

问题三：宝宝看书不肯从头到尾看，总是随便翻一页就让我讲，该怎么办？

对于低幼宝宝来说，这也是十分正常的阅读行为。因为这个阶段的宝宝还不具备逻辑思维能力，并没有阅读一本书的整体概念，对于他们来说，书中的一页就可以代表一个故事。所以读书的时候，总是翻到自己喜欢的那一页就让你讲也就不足为奇了。

有时也会出现这种情况，宝宝即使从第一页看起，也不会按部就班地逐页翻看，而是不断地跳页，只找自己感兴趣的部分阅读。此时，不妨遵照宝宝的选择，他翻哪里就讲哪里，这样讲述的内容都是他感兴趣的，自然听得更加认真。随着宝宝对书籍不断熟悉，再逐渐传递给他逐页阅读的意识。从听一页，到听两页，再到听更多，最后听整本也就是水到渠成的事情了。

等宝宝到了 2 岁左右，逻辑思维开始发展，会逐渐意识到一本书从头到尾的顺序以及每一页之间的关联性，自然就不会再出现这种情况了。宝宝会更愿意从头到尾听完整个故事，而对于自己特别喜欢的内容，可能会在讲读时要求多停留一会儿，或者在整个故事讲完之后，再翻回来继续阅读。

问题四：宝宝总是听故事听到一半就跑掉了怎么办？

这也是低幼宝宝在亲子阅读过程中经常出现的现象。当宝宝会走之后，因为可以更加自由地行动了，故事听到一半就跑掉的现象也就更为显著了。很多时候我们会因此感到特别沮丧，觉得宝宝太好动，没耐性，专注力不够或者不爱读书。

其实事情并不完全是我们所想象的那样。3岁以前的宝宝是通过多感官进行信息接收的，也就是说，即使宝宝从我们身边跑开了，或者手里已经开始摆弄其他玩具了，也并不妨碍他的耳朵在继续收听我们所讲的故事。对于这一现象，我们曾经做过实验。当宝宝听故事听到一半就跑掉后，我们选择故事的关键处故意停下来不继续讲，通常宝宝们都会问："咦，怎么不讲了？"

这个时候，我们最好的做法是自己坚持把故事讲完。因为如果宝宝在听，他依旧可以听完整个故事。即使宝宝真的不听了，那么我们也给宝宝做了一个很好的完整阅读的示范。这可以让宝宝慢慢明白，怎样做才是一个完整的阅读过程。只有故事讲到最后一页才算结束，那时才是离开的合适时间。

问题五：宝宝听故事太投入，遇见不喜欢的角色甚至会出手打，这种现象正常吗？

随着宝宝慢慢长大，对书以及书中的角色自然会产生自己的偏好。确实有些宝宝遇到自己不喜欢的角色会出现动手打，将其遮住，或者要求父母不要讲的现象。这是宝宝积极体验、参与阅读的一种表现，并不是不正常的反应。因为处于这个阶段的宝宝，还没有办法根据自己的感受和父母进行角色相关的讨论和表达，所以会倾向于用最直接的行动方式表达自己的观点和立场。

如果宝宝在阅读过程中出现这种情况，我们也无须过分担心。当故事讲完后，可以尝试和宝宝讨论一下为什么要这样做，除了这样做，还有哪些方式可以表达自己的感受。从而引导宝宝在听故事时，有更丰富的表达自己感受的方式。而这对于宝宝在生活中表达自己的感受也会起到一定的促进作用。

如果宝宝提出不要再听这个故事，我们也不要强人所难，可以暂时将这个故事收起来，等到宝宝能坦然接受的时候再讲也不迟。

问题六：现在有很多平台发布免费的故事讲读音频，市场上也有丰富的点读笔、伴读机等，如果父母没时间，是不是可以用这些方式替代呢？

确实，随着信息技术的发展，寻找高质量的故事讲读音频，或者购买点读笔、伴读机等都不是什么难事。但如果单纯用这种方式来替代亲子阅读是不合适的。因为当宝宝通过这些方式收听故事或者是阅读绘本的时候，接收到的都是事先设计好的故事内容，听到的也只是机械化的转译声音。它们并不能根据宝宝的性格、阅读喜好等做出个性化的反馈。因此，讲的故事效果再好，也缺少了灵活性和面对面的交流感。

而父母面对面的讲读，不仅可以时刻留意宝宝的反应，并根据需要调整讲读方式，也可以及时回答宝宝提出的个性化问题。故事讲读完后，还可以根据宝宝的兴趣进行延伸和讨论，让宝宝拥有更丰富的收获。更重要的是，这样的阅读过程还是十分温馨的亲子陪伴过程，其感受是那些故事讲读音频和机器永远做不到，也无法带给孩子的。

因此，如果父母有时间，最好的方式还是自己进行亲子阅读，提供高质量的亲子陪伴。如果时间不允许，那么适当地运用这些方式作为亲子阅读的有益补充也是可以的，但千万不要让其成为亲子阅读的替代品。因为真正可以给予宝宝关心、爱护、支持的还是父母，而不是那些冰冷的机器和设计好的程序化声音。

关于0~3岁宝宝在亲子阅读过程中可能遇到的问题和困惑，就为大家解答到这里。希望这样的解答，可以帮助父母更加科学有效地开展亲子阅读。也希望父母的坚持可以让孩子的童年因为有了故事的滋养而变得更加美好！

附录 B 悠贝精选书目推荐（0~3 岁）

0~1 岁精选书目推荐

序号	书名	作译者	出版社
1	《蹦！》	[日] 松冈达英 文/图 蒲蒲兰 译	二十一世纪出版社
2	《抱抱 抱抱》	[日] 长新太 文/图 蒲蒲兰 译	二十一世纪出版社
3	《背背 背背》	[日] 长新太 文/图 蒲蒲兰 译	二十一世纪出版社
4	《挖孔认知捉迷藏系列》 （全6册）	[日] 石川浩二 文/图 蒲蒲兰 译	二十一世纪出版社
5	《喂——哎——》	[日] 和歌山静子 文/图 蒲蒲兰 译	连环画出版社
6	《抱抱》	[英] 杰兹·阿波罗 文/图 上谊编辑部 译	明天出版社
7	《噗~噗~噗》	[日] 谷川俊太郎 文 [日] 元永定正 图 [日] 猿渡静子 译	南海出版公司
8	小鸡球球洞洞认知书 （全4册）	[日] 入山智 著绘 崔维燕 译	长江少年儿童出版社

绘本来帮忙

0~3岁养育与伴读指南

(续)

序号	书名	作译者	出版社
9	幼幼成长图画书 和歌山静子植物成长系列 （全2册）	[日] 和歌山静子 文/图 林静 译	少年儿童出版社
10	幼幼成长图画书 蔬菜水果猜猜看 （全2册）	[日] 木内胜文/图 袁谧 译	少年儿童出版社
11	幼幼成长图画书 纸板书 （全5册）	[日] 林明子 和歌山静子 薮内正幸等 著 小林 小熊 译	少年儿童出版社
12	《吵闹的农场》	[英] 罗德·坎贝尔 著	二十一世纪出版社
13	《我不咬人》	[英] 罗德·坎贝尔 著	二十一世纪出版社
14	婴儿游戏绘本 （全12册）	[日] 木村裕一 著 崔维燕 译	接力出版社
15	尚童幼儿成长宝库 手指童谣游戏书 （全3册）	[德] 雷吉娜·克勒 著 [德] 卡塔琳娜·布霍夫 绘 郑北星 译	新蕾出版社
16	宝宝第一年 打开世界 （全4册）	[英] 艾玛·杜德 著 孙莉莉 李佳舜 译	海豚出版社
17	《晚安，月亮》	[美] 玛格丽特·怀兹·布朗 文 [美] 克雷门·赫德 图 阿甲 译	北京联合出版公司
18	小不点的触摸书 （全4册）	权慧娟 编文 [西] 珍妮·埃斯比诺萨 绘	未来出版社

（续）

序号	书名	作译者	出版社
19	《来，闻闻大自然的味道》	[法] 玛丽·黛罗斯特 文 [法] 朱莉·诗赫载德 图 荣信文化 编译	未来出版社
20	《谢谢你，来做妈妈的宝宝》	[日] 西元洋 著 [日] 黑井健 绘 李奕 译	新星出版社
21	《有一天》	[美] 艾莉森·麦基 著 [加] 彼得·雷诺兹 绘 安妮宝贝 译	新星出版社

1~2 岁精选书目推荐

序号	书名	作译者	出版社
1	躲猫猫系列（全3册）	[日] 亘理睦子 文 [日] 土井香弥 图 蒲蒲兰 译	连环画出版社
2	《好饿的小蛇》	[日] 宫西达也 文/图 彭懿 译	二十一世纪出版社
3	《好疼呀！好疼呀！》	[日] 松冈达英 文/图 蒲蒲兰 译	连环画出版社
4	《换一换》	[日] 佐藤和贵子 文 [日] 二俣英五郎 图 蒲蒲兰 译	二十一世纪出版社
5	《谁藏起来了》	[日] 大西悟 文/图 蒲蒲兰 译	二十一世纪出版社

(续)

序号	书名	作译者	出版社
6	《嗨哟嗨哟爬高高》	[比]马里奥·拉莫 文/图 刘明 译	北京联合出版公司
7	《柠檬不是红色的》	[美]劳拉·瓦卡罗·希格 文/图 余治莹 译	河北教育出版社
8	《十个手指头和十个脚趾头》	[澳]梅·福克斯 文 [英]海伦·奥克森伯里 图 余治莹 译	北京联合出版公司
9	《我的连衣裙》	[日]西卷茅子 文/图 彭懿 译	明天出版社
10	《巴士到站了》	[日]五味太郎 文/图 朱自强 译	明天出版社
11	《棕色的熊、棕色的熊,你在看什么?》	[美]比尔·马丁 文 [美]艾瑞·卡尔 图 李坤珊 译	明天出版社
12	《从头动到脚》	[美]艾瑞·卡尔 文/图 林良 译	明天出版社
13	《小金鱼逃走了》	[日]五味太郎 著 [日]猿渡静子 译	新星出版社
14	《亲爱的动物园》	[英]罗德·坎贝尔 著 李树 译	二十一世纪出版社
15	我的后面是谁呢(全5册)	[日]福田敏生 福田明子 著 [日]猿渡静子 译	南海出版公司

（续）

序号	书名	作译者	出版社
16	《恐龙嗷呜吼》	［英］亨利埃塔·史蒂克兰德 文 ［英］保罗·史蒂克兰德 图 杨雪枫 译	新星出版社
17	《海象海象在哪里?》	［美］斯蒂芬·萨维奇 著	宁波出版社
18	《十、九、八》	［美］莫莉·班 著绘 余治莹 译	外语教学与研究出版社
19	美味的朋友（第1辑） （全6册）	［日］丰田一彦 著绘 季颖 译	长江少年儿童出版社
20	美味的朋友（第2辑） （全5册）	［日］山冈光 著绘 季颖 译	长江少年儿童出版社
21	形状变变变 （全3册）	［日］得田之久 文 ［日］织茂恭子 图 李丹 译	江苏凤凰少年儿童出版社
22	宝宝的第一本手指推拉书 冰冰和波波 （全4册）	［英］乔·洛奇 著绘 尚童 译	花山文艺出版社
23	幼幼成长图画书 （第1辑） （全6册）	［日］林明子 三浦太郎 柳原良平 文/图 小林 小熊 译	少年儿童出版社
24	噼里啪啦系列 （全7册）	［日］佐佐木洋子 编绘	二十一世纪出版社
25	亮丽精美触摸书系列 （全4册）	［英］莫里斯·普莱格尔 文/图 荣信文化 编译	未来出版社

绘本来帮忙
0~3岁养育与伴读指南

（续）

序号	书名	作译者	出版社
26	《呀，内裤穿反了》	[日] 岸田今日子 文 [日] 佐野洋子 图 [日] 猿渡静子 译	连环画出版社
27	《一起拉㞎㞎》	[日] 福田岩绪 文/图 晓晗 译	连环画出版社
28	《看，脱光光了！》	[日] 五味太郎 文/图 [日] 猿渡静子 译	北京联合出版公司
29	小小一步 （全4册）	[日] 丰田一彦 文/图 林静 译	二十一世纪出版社
30	《蚂蚁和西瓜》	[日] 田村茂 文/图 蒲蒲兰 译	二十一世纪出版社

2~3岁精选书目推荐

序号	书名	作译者	出版社
1	《点点点》	[法] 埃尔维·杜莱 文/图 蒲蒲兰 译	二十一世纪出版社
2	《跟屁虫》	[日] 宫西达也 文/图 蒲蒲兰 译	二十一世纪出版社
3	《汉娜的惊喜》	[英] 艾琳·布朗 文/图 蒲蒲兰 译	连环画出版社
4	鲁拉鲁先生系列 （全3册）	[日] 伊东宽 文/图 蒲蒲兰 译	二十一世纪出版社
5	《落叶跳舞》	[日] 伊东宽 文/图 蒲蒲兰 译	二十一世纪出版社

（续）

序号	书名	作译者	出版社
6	《啪嗒啪嗒蜗牛》	［日］秋山匡 文/图 蒲蒲兰 译	连环画出版社
7	《七彩下雨天》	［韩］金静华 文 ［韩］姜香英 图 蒲蒲兰 译	二十一世纪出版社
8	《首先有一个苹果》	［日］伊东宽 文/图 蒲蒲兰 译	二十一世纪出版社
9	完美的小狗阿波罗系列（全2册）	［比］卡罗琳·格雷戈尔 文/图 杨默 译	二十一世纪出版社
10	《小泥人》	［日］伊东宽 文/图 蒲蒲兰 译	二十一世纪出版社
11	小人儿帮手（全4册）	［日］中川千寻 文 ［日］古寄纯嗣 图 蒲蒲兰 译	二十一世纪出版社
12	《妈妈不知道我的名字》	［美］苏珊·威廉斯 文 ［美］安德鲁·莎奇 图 杨华京 译	北京联合出版公司
13	《气球小熊》	［日］秋山匡 文/图 戴伟杰 译	河北教育出版社
14	《走开，绿色大怪物！》	［美］爱德华·恩贝尔利 文/图 余治莹 译	河北教育出版社
15	《可爱动物操》	方素珍 文 郝洛玟 图	河北教育出版社

(续)

序号	书名	作译者	出版社
16	《七只瞎老鼠》	[美] 杨志成 文/图 王林 译	河北教育出版社
17	《小猩猩》	[美] 露丝·博恩斯坦 文/图 余治莹 译	河北教育出版社
18	《阿文的小毯子》	[美] 凯文·亨克斯 文/图 方素珍 译	河北教育出版社
19	《一园青菜成了精》	编自北方童谣 周翔 图	明天出版社
20	《阿立会穿裤子了》	[日] 神泽利子 文 [日] 西卷茅子 图 米雅 译	明天出版社
21	《小猫头鹰》	[爱尔兰] 马丁·韦德尔 文 [英] 派克·宾森 图 林良 译	明天出版社
22	《我的情绪小怪兽》	[西班牙] 安娜·耶纳斯 文/图 叶淑吟 译	明天出版社
23	《嗨，身体的各位！》	[日] 五味太郎 文/图 蒋家钢 译 洪兰 审定	明天出版社
24	《六十六头牛》	改编自民间歌谣 王祖民 图	明天出版社
25	《小蛇散步》	[日] 伊东宽 文/图 田霞 译	北京联合出版公司

(续)

序号	书名	作译者	出版社
26	《青蛙小弟睡午觉》	[日] 宫西达也 文/图 彭懿 译	南海出版公司
27	《鸡蛋哥哥》	[日] 秋山匡 著 小然 译	新星出版社
28	《自己的颜色》	[美] 李欧·李奥尼 文/图 阿甲 译	南海出版公司
29	《从窗外送来的礼物》	[日] 五味太郎 文/图 [日] 猿渡静子 译	北京联合出版公司
30	《晚安,大猩猩》	[美] 佩吉·拉特曼 著 爱心树 译	北京联合出版公司
31	《我不怕打针!》	[韩] 鞠志承 文/图 禹明延 译	连环画出版社
32	《给爸爸的吻》	[澳] 弗朗西斯·沃茨 文 [英] 戴维·利格 图 熊怡然 译	上海文化出版社
33	《森林钢琴》	[日] 岩村和朗 著 徐超 译	接力出版社
34	《月亮的秘密》	[法] 弗洛伦斯·基洛 编绘 武娟 译	江苏凤凰少年儿童出版社
35	《月亮的味道》	[波兰] 麦克·格雷涅茨 著 漪然 彭懿 译	二十一世纪出版社
36	《我爸爸》	[英] 安东尼·布朗 文/图 余治莹 译	河北教育出版社

(续)

序号	书名	作译者	出版社
37	《我妈妈》	[英] 安东尼·布朗 文/图 余治莹 译	河北教育出版社
38	《鳄鱼怕怕 牙医怕怕》	[日] 五味太郎 文/图	明天出版社
39	《云朵面包》	[韩] 白希那 著 明书 译	接力出版社
40	可爱的鼠小弟 （全22册）	[日] 中江嘉男 文 [日] 上野纪子 图 赵静 文纪子 译	南海出版公司
41	《大海里我最大》	[美] 凯文·谢利 著 于姝 译	北京联合出版公司
42	《云娃娃》	[日] 伊东宽 文/图 蒲蒲兰 译	二十一世纪出版社
43	《昨天的太阳去哪儿了？》	[日] 薰久美子 文 [日] 井本蓉子 图 蒲蒲兰 译	连环画出版社
44	《魔法亲亲》	[美] 奥黛莉·潘恩 文 [英] 茹丝·哈波 [美] 南西·理克 图 刘清彦 译	明天出版社
45	《我爱幼儿园》	[法] 塞尔日·布洛克 著 张艳 译	北京科学技术出版社
46	《好神奇的小石头》	左伟 著绘	中国少年儿童出版社
47	《亨利爱帮忙》	[英] 露丝·布朗 文/图 娟子 译	北京联合出版公司

（续）

序号	书名	作译者	出版社
48	《乒乒和乓乓钓大鱼》	［日］宫西达也 文/图 熊春 蒲蒲兰 译	二十一世纪出版社
49	《999个青蛙兄弟》	［日］木村研 著 ［日］村上康成 绘 ［日］猿渡静子 译	新星出版社
50	《你好，安东医生》	［日］西村敏雄 文/图 袁秀敏 译	连环画出版社